Anja Alwan, Kathrin Ebner

# Lernzielkontrollen Deutsch 7./8. Klasse

Tests in zwei Differenzierungsstufen

Herausgegeben von
Marco Bettner und Erik Dinges

## Die Autorinnen

**Anja Alwan** ist Lehrerin an einer kooperativen Gesamtschule im Taunus (Hessen) und unterrichtet dort Deutsch und Geschichte.

**Kathrin Ebner** ist Lehrerin an einer kooperativen Gesamtschule im Taunus (Hessen) und unterrichtet dort Deutsch, Geschichte und katholische Religion.

## Die Herausgeber

**Marco Bettner** – Rektor und Ausbildungsleiter für Mathematik und Informatik, Haupt- und Realschullehrer, Referent in der Lehrerfortbildung, zahlreiche Veröffentlichungen

**Erik Dinges** – Rektor an einer Schule für Lernhilfe, Referent in der Lehrerfortbildung, zahlreiche Veröffentlichungen

3. Auflage 2022
© 2015 PERSEN Verlag, Hamburg

AAP Lehrerwelt GmbH
Veritaskai 3
21079 Hamburg
Telefon: +49 (0) 40325083-040
E-Mail: info@lehrerwelt.de
Geschäftsführung: Christian Glaser
USt-ID: DE 173 77 61 42
Register: AG Hamburg HRB/126335
Alle Rechte vorbehalten.

Das Werk als Ganzes sowie in seinen Teilen unterliegt dem deutschen Urheberrecht. Die Erwerbenden einer Einzellizenz des Werkes sind berechtigt, das Werk als Ganzes oder in seinen Teilen für den eigenen Gebrauch und den Einsatz im eigenen Präsenz- wie auch dem Distanzunterricht zu nutzen.
Produkte, die aufgrund ihres Bestimmungszweckes zur Vervielfältigung und Weitergabe zu Unterrichtszwecken gedacht sind (insbesondere Kopiervorlagen und Arbeitsblätter), dürfen zu Unterrichtszwecken vervielfältigt und weitergegeben werden.

Die Nutzung ist nur für den genannten Zweck gestattet, nicht jedoch für einen schulweiten Einsatz und Gebrauch, für die Weiterleitung an Dritte einschließlich weiterer Lehrkräfte, für die Veröffentlichung im Internet oder in (Schul-)Intranets oder einen weiteren kommerziellen Gebrauch.
Mit dem Kauf einer Schullizenz ist die Schule berechtigt, die Inhalte durch alle Lehrkräfte des Kollegiums der erwerbenden Schule sowie durch die Schülerinnen und Schüler der Schule und deren Eltern zu nutzen.

Nicht erlaubt ist die Weiterleitung der Inhalte an Lehrkräfte, Schülerinnen und Schüler, Eltern, andere Personen, soziale Netzwerke, Downloaddienste oder Ähnliches außerhalb der eigenen Schule.
Eine über den genannten Zweck hinausgehende Nutzung bedarf in jedem Fall der vorherigen schriftlichen Zustimmung des Verlags.
Sind Internetadressen in diesem Werk angegeben, wurden diese vom Verlag sorgfältig geprüft. Da wir auf die externen Seiten weder inhaltliche noch gestalterische Einflussmöglichkeiten haben, können wir nicht garantieren, dass die Inhalte zu einem späteren Zeitpunkt noch dieselben sind wie zum Zeitpunkt der Drucklegung. Der PERSEN Verlag übernimmt deshalb keine Gewähr für die Aktualität und den Inhalt dieser Internetseiten oder solcher, die mit ihnen verlinkt sind, und schließt jegliche Haftung aus.

Wir verwenden in unseren Werken eine genderneutrale Sprache. Wenn keine neutrale Formulierung möglich ist, nennen wir die weibliche und die männliche Form. In Fällen, in denen wir aufgrund einer besseren Lesbarkeit nur ein Geschlecht nennen können, achten wir darauf, den unterschiedlichen Geschlechtsidentitäten gleichermaßen gerecht zu werden.

| | |
|---|---|
| Autorschaft: | Anja Alwan, Kathrin Ebner |
| Covergestaltung: | TSA&B Werbeagentur GmbH, Hamburg |
| Coverillustration: | Julia Flasche |
| Illustrationen: | Oliver Wetterauer |
| Satz: | Satzpunkt Ursula Ewert GmbH, Bayreuth |
| Druck und Bindung: | SDK Systemdruck Köln GmbH & Co. KG, Köln |

ISBN: 978-3-403-23374-9
www.persen.de

# Inhaltsverzeichnis

Einleitung... 4

## 7. Klasse

### A Richtig Schreiben

**Leicht verwechselbare Konsonanten und Vokale**
Lernzielkontrolle A (leicht)... 5
Lernzielkontrolle B (schwer)... 6

**Getrennt- und Zusammenschreibung**
Lernzielkontrolle A (leicht)... 7
Lernzielkontrolle B (schwer)... 9

**Fremdwörter**
Lernzielkontrolle A (leicht)... 11
Lernzielkontrolle B (schwer)... 12

### B Sprache untersuchen und Zeichensetzung

**Aktiv und Passiv**
Lernzielkontrolle A (leicht)... 13
Lernzielkontrolle B (schwer)... 15

**Konjunktiv I und II**
Lernzielkontrolle A (leicht)... 18
Lernzielkontrolle B (schwer)... 20

**Relativsätze – *das* oder *dass***
Lernzielkontrolle A (leicht)... 22
Lernzielkontrolle B (schwer)... 23

### C Texte schreiben

**Vorgangsbeschreibung – Rezept**
Lernzielkontrolle A (leicht)... 24
Lernzielkontrolle B (schwer)... 26

**Inhaltsangabe**
Lernzielkontrolle A (leicht)... 29
Lernzielkontrolle B (schwer)... 32

**Zeitungsbericht – Überarbeitung**
Lernzielkontrolle A (leicht)... 34
Lernzielkontrolle B (schwer)... 36

### D Lesen

**Erzähltexte erschließen – Ein Jugendbuchauszug**
Lernzielkontrolle A (leicht)... 40
Lernzielkontrolle B (schwer)... 42

**Sachtexte erschließen**
Lernzielkontrolle A (leicht)... 44
Lernzielkontrolle B (schwer)... 45

**Lyrische Texte – Balladen**
Lernzielkontrolle A (leicht)... 48
Lernzielkontrolle B (schwer)... 50

## 8. Klasse

### A Richtig Schreiben

**Groß- und Kleinschreibung**
Lernzielkontrolle A (leicht)... 52
Lernzielkontrolle B (schwer)... 54

**Lange Vokale**
Lernzielkontrolle A (leicht)... 56
Lernzielkontrolle B (schwer)... 57

**Ableiten und Verlängern**
Lernzielkontrolle A (leicht)... 58
Lernzielkontrolle B (schwer)... 59

### B Sprache untersuchen und Zeichensetzung

**Wortarten – Pronomen und Adverbien**
Lernzielkontrolle A (leicht)... 60
Lernzielkontrolle B (schwer)... 62

**Indirekte Rede**
Lernzielkontrolle A (leicht)... 64
Lernzielkontrolle B (schwer)... 65

**Der Adverbialsatz**
Lernzielkontrolle A (leicht)... 66
Lernzielkontrolle B (schwer)... 68

### C Texte schreiben

**Textsortenumwandlung – Perspektivisches Schreiben**
Lernzielkontrolle A (leicht)... 70
Lernzielkontrolle B (schwer)... 72

**Argumentation**
Lernzielkontrolle A (leicht)... 73
Lernzielkontrolle B (schwer)... 74

**Bewerbungsschreiben**
Lernzielkontrolle A (leicht)... 75
Lernzielkontrolle B (schwer)... 77

### D Lesen

**Zeitungstexte – Vergleich**
Lernzielkontrolle A (leicht)... 78
Lernzielkontrolle B (schwer)... 81

**Sachtexte erschließen**
Lernzielkontrolle A (leicht)... 86
Lernzielkontrolle B (schwer)... 88

**Literarische Texte – Prosa**
Lernzielkontrolle A (leicht)... 91
Lernzielkontrolle B (schwer)... 92

**Lösungen**... 93

# Einleitung

**Heterogenität als Herausforderung**
Individualisierung, Heterogenität, Kompetenzorientierung, gemeinsames Lernen, Differenzierung – das sind die großen Herausforderungen der Unterrichtsplanung und -umsetzung. Die zunehmende Heterogenität der Lerngruppen erfordert sowohl in integrativen als auch kooperativen Schulformen eine Differenzierung, um ein gemeinsames Lernen zu ermöglichen. Die Ausgangsbedingungen für das Lernen sind sehr unterschiedlich. Bereits seit den 1970er-Jahren steht der Grundsatz der Chancengleichheit im Zentrum der Bildungspolitik. So haben die Bildungseinrichtungen die unterschiedlichen Lernausgangslagen, Interessen, Motivationen und Fähigkeiten der Lernenden zu berücksichtigen, indem sie den Unterricht individualisieren und differenzieren. Aber nicht nur der Unterricht muss auf die unterschiedliche Lerngeschwindigkeit, Interessenslage, Motivationen und Lernvoraussetzungen der Schülerinnen und Schüler abgestimmt werden, sondern auch die Leistungsmessungen.

**Einsatz der Lernzielkontrollen**
Die Lernzielkontrollen dieses Heftes decken die folgenden Kompetenzbereiche der Bildungsstandards Deutsch ab:
- Schreiben
- Lesen und Rezipieren – mit literarischen und unliterarischen Texten/Medien umgehen
- Sprache und Sprachgebrauch untersuchen und reflektieren

Die Lernzielkontrollen enthalten die grundlegenden Themen der Klasse 7 und 8. Die Tests eignen sich einerseits dazu, die Lernausgangssituation abzufragen oder aber den Lernstand zu überprüfen (z. B. vor einer Klassenarbeit). Allgemein erfolgte die Konzeption und Differenzierung der Lernzielkontrollen in Hinblick auf die Kompetenzanforderungsbereiche von Haupt- und Realschülern. Sie können aber auch in höheren Jahrgangsstufen (z. B. zur Wiederholung) eingesetzt werden.
Neben der Leistungsüberprüfung wird durch die Lernstandserhebungen den Lehrenden, Lernenden und den Eltern der Förderbedarf aufgezeigt, sodass gezielte und individuelle Fördermaßnahmen eingeleitet werden können.
Mithilfe der Lösungsseiten soll das Korrigieren erleichtert werden. Neben Musterlösungen gibt es Anregungen für individuelle Schülerlösungen sowie Checklisten. Die leichten Lernzielkontrollen sind in der Kopfzeile mit A, die schweren mit B gekennzeichnet.

**Aufbau der einzelnen Lernzielkontrollen**
Bei einem Großteil der Lernzielkontrollen können die Schülerinnen und Schüler die Aufgaben direkt auf dem Arbeitsblatt lösen.

Des Weiteren haben wir uns darum bemüht, die Lernzielkontrollen in beiden Differenzierungsstufen ähnlich aufzubauen. Die Aufgabenstellungen berücksichtigen die verschiedenen Kompetenzstufen:
- Kompetenzstufe 1: Reproduktion (z. B. Abfragen von Regelwissen)
- Kompetenzstufe 2: Reorganisation (z. B. Anwendung von Regelwissen, einfache Schlussfolgerungen ziehen)
- Kompetenzstufe 3: Transfer (z. B. komplexe Schlussfolgerungen ziehen, einfache Probleme lösen)

Die Differenzierung erfolgt stets an denselben Inhalten bzw. Themenschwerpunkten. Dies soll Ihnen die Korrektur, aber auch den Vergleich erleichtern. Die Differenzierung erfolgt sowohl quantitativ als auch durch didaktische Reduktion (z. B. unterschiedliche Voraussetzung von Fachbegriffen). Außerdem wurden zur Differenzierung verschiedene Aufgabenformate gewählt. Die leichte Variante greift oftmals Aufgaben im geschlossenen Format (z. B. Multiple-Choice-Aufgaben) bzw. Aufgaben im halboffenen Format (z. B. Vervollständigung von Lückentexten) auf, während in der schweren Variante häufig auch Aufgaben im offenen Format (z. B. Produktion eigener Texte) vorzufinden sind. An die beiden unterschiedlichen Schwierigkeitsgrade der Lernzielkontrollen sind dementsprechend unterschiedliche Kompetenzanforderungen bzw. -niveaus gekoppelt.

Es wurde bewusst auf eine vorgegebene Punktverteilung verzichtet. Die Lehrpersonen erhalten somit die Möglichkeit, den Schwerpunkt der Lernzielkontrollen an ihre Lerngruppen anzupassen.

Wir hoffen, dass dieses Heft Ihnen Anregung und Unterstützung für eine differenzierte Leistungsabfrage bietet.

Anja Alwan und Kathrin Ebner

**Lernzielkontrolle (A)**

**Thema:** Leicht verwechselbare Konsonanten und Vokale

Datum: _____

Name: _____

**❶ Kreuze die richtigen Aussagen an.**

○ Man kann hören, ob ein Wort mit ä oder e geschrieben wird.

○ Die Verwandtschaftsprobe hilft dir zu entscheiden, ob ein Wort mit ä oder e bzw. äu oder eu geschrieben wird.

○ Es gibt Wörter mit ä oder e, die Lernwörter sind und deren Schreibung durch keine Regel herzuleiten ist.

○ Einige ähnlich klingende Konsonanten (z. B. b oder p, g oder k, d oder t) kann man durch die sogenannte Verlängerungsprobe unterscheiden.

○ Der f-Laut kann nur mit dem Buchstaben f geschrieben werden.

○ Ob ein Wort mit f, v, w oder pf geschrieben wird, musst du im Wörterbuch nachschlagen und dir merken.

**❷ Schreibe richtig. Wenn möglich, wende dazu die passende Probe an.**

| Bild | Wort | Probe |
|---|---|---|
| | | |
| | | |
| | | |
| | | |
| | | |

**❸ Finde die Fehler im Satz und unterstreiche sie.**

Der fierzigjährige Vlorian viel fast vom Sova, weil elv brafe Elefanten sich ferbotenerweise aus dem Zirkus bevreit haben und in seinem Forgarten fervirrt umherlauven.

**❹ Setze den passenden Buchstaben in die Lücke. Wenn du dir unsicher bist, mache die Verlängerungsprobe.**

a) g oder k

An einem mer___würdigen Ta___ wollte der Köni___ sich mit dem Zu___ auf den We___ zur Ja___d nach Ludwigsbur___ begeben.

b) d oder t

Lina mal___ ein Bil___ von unserem Hun___: Er ist al___, sein Halsban___ ist bun___, sein Freun___ ist ein Kater, er bell___ lau___, am liebsten geh___ er im Wal___ spazieren.

c) b oder p

Die Tageszeitung schrie___ kna___: Rau___ konnte aufgeklärt werden – Polizist blie___ unverletzt – Die___ schwe___t noch in Lebensgefahr.

**Lernzielkontrolle (B)**  Datum: _____

**Thema: Leicht verwechselbare Konsonanten und Vokale**  Name: _____

**❶ Nenne und erkläre zwei Lernstrategien, die dir helfen können, die richtige Schreibweise eines ähnlich klingenden Wortes abzuleiten.**

- _____
  _____

- _____
  _____

**❷ Kreuze die richtigen Aussagen an.**

- ○ Man kann hören, ob ein Wort mit ä oder e geschrieben wird.
- ○ Es gibt Wörter mit ä oder e, die Lernwörter sind und deren Schreibung durch keine Regel herzuleiten ist.
- ○ Der f-Laut kann nur mit dem Buchstaben f geschrieben werden.
- ○ Ob ein Wort mit f, v, w oder pf geschrieben wird, musst du im Wörterbuch nachschlagen und dir merken.

**❸ Fehlersuche**

**a) Finde die Fehler im Satz und unterstreiche sie.**

Der fierzigjährige Vlorian viel fast vom Sova, weil elv brafe Elefanten sich ferbotenerweise aus dem Zirkus bevreit haben und in seinem Forgarten fervirrt umherlauven.

**b) Schreibe den Satz aus a) in richtiger Schreibweise auf.**

_____
_____
_____
_____

**❹ Setze die passenden Buchstaben ein.**

Gol__rau__ überle__t

Ein Die__ hatte h__te vor einer Woche Gol__ im Wer__ von über 100 000 Euro im Wal__ in einem Kor__ versteckt. Er konnte jedoch gefasst werden, da eine Zeugin so__ort nach der Ta__ ein Phantombil__ gemal__ hat. Die Polizei trie__ den Die__ in die Enge. Dabei entgin__ ein Polizist nur kna__ einer Schussverletzung. Bisher schwei__t der R__ber zu seiner Ta__. Der __illenbesitzer ist zufrieden – er erhäl__ seine wert__ollen Schmuckstücke zurück. Nach wie __or __ehlt allerdings eine __ast 200 Jahre al__e __ase. __ielleicht len__t der Dieb doch noch ein.

**Lernzielkontrolle (A)**

**Thema: Getrennt- und Zusammenschreibung**

Datum: _____

Name: _____

**❶ Richtig oder falsch? Kreuze an.**

| Aussage | richtig | falsch |
|---|---|---|
| Verbindungen aus Verb und Verb werden in der Regel getrennt geschrieben. | | |
| Verbindungen aus Nomen und Verb werden zusammengeschrieben. | | |
| Treffen zwei Adjektive aufeinander, werden sie getrennt geschrieben, z. B. *sommerlich warm*. | | |
| Einige Verbindungen zwischen zwei Wörtern werden immer zusammengeschrieben. Das sind *Lernwörter*. | | |
| Eine Verbindung zwischen einem Verb und „sein" wird immer zusammengeschrieben, z. B. *dabeisein*. | | |
| Die Wortbedeutung kann sich ändern, wenn ein Wort zusammen- oder getrennt geschrieben wird. | | |

**❷ Schreibe die passenden Wörter zu den Bildern.**

| | |
|---|---|
| (Fahrrad fahren) | |
| (Fußball spielen) | |
| (Wasserball spielen) | |

**❸ Trage die Wörter in richtiger Schreibweise in die Lücken ein.**

a) Leon bekommt ein neues Handy, wenn er in Deutsch (besser ist / besserist) _____ als in der 6. Klasse.

b) Ina möchte an einer Sprachreise (teil nehmen / teilnehmen) _____ .

c) Anna freut sich auf die (eisig kalte / eisigkalte) _____ Limonade.

d) Freitags gehen wir immer (Pizza essen / Pizzaessen) _____ .

e) Heute muss ich noch (einkaufen gehen / einkaufengehen) _____ .

**❹ Wortgrenzen finden**

a) Trenne die Wörter ab. Markiere die Wortgrenzen durch einen Strich.

LESENLERNENKUCHENBACKENFERNSEHENEINWENIGMESSERSCHARFANGSTHABEN

| Lernzielkontrolle (A) | Datum: |
|---|---|
| Thema: Getrennt- und Zusammenschreibung | Name: |

**b)** Schreibe die abgetrennten Wörter in richtiger Schreibweise auf.

_____
_____
_____

**❺** Erkläre in eigenen Worten die unterschiedliche Bedeutung der <u>beiden Wörter</u>.

a) Der Busfahrer <u>umfährt</u> den Stau.

b) Charlie <u>fährt</u> mit seinem Skateboard einen Mülleimer <u>um</u>.

Erklärung der unterschiedlichen Wortbedeutungen:

a) _____
_____
_____
_____

b) _____
_____
_____
_____

| Lernzielkontrolle (B) | Datum: |
|---|---|
| Thema: Getrennt- und Zusammenschreibung | Name: |

**❶ a)** Nenne drei Regeln zur Getrennt- und Zusammenschreibung von Wörtern. Finde dazu jeweils ein passendes Beispiel.

- _____

- _____

- _____

**b)** Richtig oder falsch? Kreuze an.

| Aussage | richtig | falsch |
|---|---|---|
| Einige Verbindungen zwischen zwei Wörtern werden immer zusammengeschrieben. Das sind Lernwörter. | | |
| Eine Verbindung zwischen einem Verb und „sein" wird immer zusammengeschrieben, z. B. *dabeisein*. | | |
| Manchmal hängt es von der Bedeutung des Wortes ab, ob es getrennt oder zusammengeschrieben wird. | | |
| Verbindungen aus Partizip und Verb schreibt man in der Regel zusammen, z. B. *getrenntschreiben*. | | |

**❷** Begründe mit deinem Regelwissen die richtige Schreibweise. Streiche das falsch geschriebene Wort durch.

| Wort | Begründung |
|---|---|
| lesen lernen – lesenlernen | |
| laut schreien – lautschreien | |
| Fern sehen – fernsehen | |

**Lernzielkontrolle (B)**

**Thema: Getrennt- und Zusammenschreibung**

Datum: _____

Name: _____

❸ **Trage die Wörter in richtiger Schreibweise in die passenden Lücken ein.**

> zusammen bauen / zusammenbauen
> einkaufen gehen / einkaufengehen
> teil nehmen / teilnehmen
> besser ist / besserist
> eisig kalte / eisigkalte
> Pizza essen / Pizzaessen
> zusammen bauen / zusammenbauen

a) Leon bekommt ein neues Handy, wenn er in Deutsch _____ als in der 6. Klasse.

b) Ina möchte an einer Sprachreise _____.

c) Anna freut sich auf die _____ Limonade.

d) Freitags gehen wir immer _____.

e) Heute muss ich noch _____.

f) Wir müssen das Regal erst noch _____.

g) Anna fragt Lisa: „Wollen wir eine Sandburg _____?"

❹ **Ordne die Verbindung aus Nomen und Verb der jeweils passenden Erklärung zu.**

| Feuer fangen | • | • | beobachten |
| Posten stehen | • | • | viel Geld verlieren |
| Pleite gehen | • | • | sich für etwas begeistern |

❺ **Erkläre in eigenen Worten die unterschiedliche Bedeutung der beiden Wörter.**

a) Der Busfahrer <u>umfährt</u> den Stau.

b) Charlie <u>fährt</u> mit seinem Skateboard einen Mülleimer <u>um</u>.

Erklärung der unterschiedlichen Wortbedeutungen:

a) _____

b) _____

| Lernzielkontrolle (A)      | Datum: |
|---|---|
| Thema: Fremdwörter         | Name:  |

**❶ Richtig oder falsch? Kreuze an.**

| Aussage | richtig | falsch |
|---|---|---|
| Fremdwörter sind Wörter aus anderen Sprachen, die auch im Deutschen verwendet werden. | | |
| Es gibt neben der ursprünglichen Schreibweise auch eingedeutschte Schreibweisen, z. B. *Cousine – Kusine*. | | |
| In Fremdwörtern gibt es sehr oft ein ie. | | |
| In Fremdwörtern wird oft statt k oder kk ein ck geschrieben. | | |
| Ein Dehnungs-h zur Kennzeichnung des lang gesprochenen Vokals gibt es in Fremdwörtern nicht. | | |

**❷ Füge die passenden Suffixe -iv, -age, -tion, -eur in die Lücken ein.**

| Funk_____ | Sabot_____ | posit_____ | Qualifika_____ |
|---|---|---|---|
| kreat_____ | Informa_____ | Et_____ | Kontroll_____ |

**❸ Ergänze die Lücken. Bilde Verben zu den in Klammern angegebenen Nomen.**

a) Politiker _____ (Diskussion) häufig in Fernsehinterviews.

b) Ich muss mich im Unterricht besser _____ (Konzentration).

c) Piloten _____ (Flug) oft sehr lange Strecken.

d) Vor dem Ausflug muss Olaf sein Fahrrad _____ (Reparatur).

**❹ Schreibe zu den folgenden Fremdwörtern ein verwandtes Adjektiv auf.**

a) Interesse: _____ b) Fantasie: _____ c) Chaos: _____

**❺ Suche Fremdwörter für die folgenden Wörter.**

a) berühmt: _____ b) überdenken: _____ c) Verbesserung: _____

**❻ Verbinde die Fremdwörter mit den gleichbedeutenden deutschen Wörtern.**

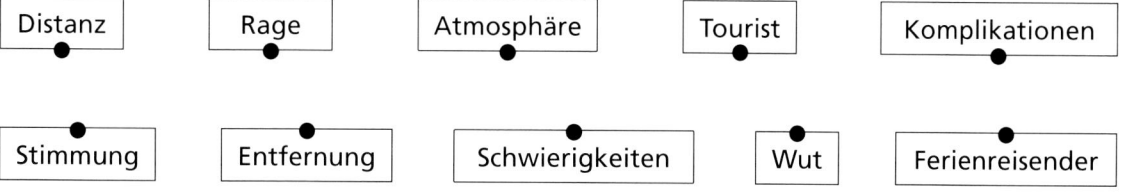

| Lernzielkontrolle (B) | Datum: |
|---|---|
| Thema: Fremdwörter | Name: |

**❶ Richtig oder falsch? Kreuze an.**

| Aussage | richtig | falsch |
|---|---|---|
| Fremdwörter sind Wörter aus anderen Sprachen, die auch im Deutschen verwendet werden. | | |
| Es gibt neben der ursprünglichen Schreibweise auch eingedeutschte Schreibweisen, z. B. *Cousine – Kusine*. | | |
| In Fremdwörtern gibt es sehr oft ein ie. | | |
| In Fremdwörtern wird oft statt k oder kk ein ck geschrieben. | | |
| Ein Dehnungs-h zur Kennzeichnung des lang gesprochenen Vokals gibt es in Fremdwörtern nicht. | | |

**❷ Nenne drei typische Suffixe (Nachsilben) für Fremdwörter. Finde jeweils ein passendes Beispiel.**

- _____
- _____
- _____

**❸ Bilde zu den folgenden Fremdwörtern jeweils das dazugehörige Verb oder Adjektiv.**

a) Diskussion  b) Konzentration  c) Charme  d) Reparatur  e) Chaos  f) Vitalität  g) Fantasie

_____
_____
_____

**❹ Suche Fremdwörter für die folgenden Wörter.**

a) berühmt: _____  b) überdenken: _____  c) Wut: _____

**❺ Erkläre die folgenden Fremdwörter in eigenen Worten bzw. finde ein passendes anderes Wort mit dieser Bedeutung.**

| Atmosphäre | |
|---|---|
| Panorama | |
| human | |

| Lernzielkontrolle (A) | Datum: |
|---|---|
| Thema: Aktiv und Passiv | Name: |

**❶ Richtig oder falsch? Kreuze an.**

| Aussage | richtig | falsch |
|---|---|---|
| In Sätzen, in denen das Subjekt etwas tut, steht das Prädikat im **Aktiv**. *Beispiel: Der Hund bellt.* | | |
| Sätze, in denen mit dem Subjekt etwas geschieht, haben ein Prädikat im **Passiv**. *Beispiel: Der Käfig wird gesäubert.* | | |
| Das **Passiv** wird mit „werden" + Verb im Partizip Perfekt gebildet. | | |
| Unwichtige oder unbekannte **Täter** dürfen im Passivsatz **nie** fehlen. | | |
| Aktiv und Passiv gibt es in **jedem Tempus** ( = in allen Zeiten). | | |

**❷ Bilde zu folgenden Infinitiven das Partizip Perfekt.**

| Infinitiv | Partizip Perfekt |
|---|---|
| fangen | gefangen |
| lieben | |
| kämmen | |
| bewundern | |
| trainieren | |
| einsperren | |

**❸ Kreuze alle Passivsätze an.**

| X | Aktiv- und Passivsätze |
|---|---|
| | Die Kinder spielen auf dem Pausenhof. |
| | Die Lehrerin verteilt den neuen Stundenplan. |
| | Die Tafel wird vom Tafeldienst sehr ordentlich gesäubert. |
| | Die Schule wird von der Kunst-AG frühlingshaft dekoriert. |
| | Nicht wenige Besucher gehen ins Sockentheater. |

**❹ Unterscheidung von Aktiv- und Passivsätzen**

a) Unterstreiche alle Subjekte rot und alle Akkusativobjekte grün.

b) Forme die Aktivsätze in Passivsätze um.

a) Der Lehrer erzählt eine Geschichte. _____

b) Ben und Lisa verschenken Bonbons. _____

c) Isa verkauft auf dem Flohmarkt viele Bücher. _____

| Lernzielkontrolle (A) | Datum: _____ |
|---|---|
| Thema: Aktiv und Passiv | Name: _____ |

d) Die Schüler lernen fleißig die Englischvokabeln. _____

e) Der Hausmeister repariert die defekte Heizung. _____

f) Die Vermieter sanieren drei Wohnungen. _____

**5** Ordne richtig zu. Nummeriere die Zuordnungen.

① Ich werde gefahren.  ◯ Passiv / Präteritum

② Du bist gefahren worden.  ◯ Passiv / Futur I

③ Er wurde gefahren.  ◯ Passiv / Plusquamperfekt

④ Wir waren gefahren worden.  ◯ Passiv / Perfekt

⑤ Sie werden gefahren werden.  ◯ Passiv / Präsens

**6** Ergänze folgende Passivsätze in den angegebenen Zeiten.

a) begleiten / Präsens

Das kleine Mädchen _____ von ihrem Opa nach Hause _____.

b) fahren / Präteritum

Die beiden Kinder _____ von ihrem Trainer zum Spiel _____.

c) tragen / Perfekt

Die Koffer _____ vom Butler ins Haus _____.

d) füttern / Futur I

Das Nilpferd _____ von der Familie _____.

e) streichen / Plusquamperfekt

Die Klassenräume _____ von den Schülern _____.

| Lernzielkontrolle (B) | Datum: |
|---|---|
| Thema: Aktiv und Passiv | Name: |

**❶ Richtig oder falsch? Kreuze an.**

| Aussage | richtig | falsch |
|---|---|---|
| In Sätzen, in denen das Subjekt etwas tut, steht das Prädikat im **Aktiv**. | | |
| Sätze, in denen mit dem Subjekt etwas geschieht, haben ein Prädikat im **Passiv**. | | |
| Das **Aktiv** wird mit *werden + Verb im Partizip Plusquamperfekt* gebildet. | | |
| Das **Passiv** wird mit *werden + Verb im Partizip Perfekt* gebildet. | | |
| Die **Handelnden / Täter** können mit den **Präpositionen** „durch" und „von" hinzugefügt werden. | | |
| Unwichtige oder unbekannte **Täter** dürfen im Passivsatz **nie** fehlen. | | |
| Aktiv und Passiv gibt es in **jedem Tempus**. | | |

**❷ Kreuze alle Passivsätze an.**

| X | Aktiv- und Passivsätze |
|---|---|
| | Einige Kinder spielen in der Pause Tischtennis. |
| | Die Lehrerin verteilt den neuen Stundenplan. |
| | Die Tafel wird vom Tafeldienst sehr ordentlich gesäubert. |
| | Die Schule wird von der Kunst-AG frühlingshaft dekoriert. |
| | Nicht wenige Besucher besuchen beim Rundgang das Sockentheater. |
| | Auf dem Pausenhof werden vier Spielstationen aufgebaut. |

**❸ Forme die Aktivsätze in Passivsätze um.**

a) Der Lehrer erzählt eine Geschichte.

b) Ben und Lisa verschenken Bonbons.

c) Isa verkauft auf dem Flohmarkt viele Bücher.

d) Die Schüler lernen fleißig die Englischvokabeln.

e) Der Hausmeister repariert die defekte Heizung.

**Lernzielkontrolle (B)**

**Thema: Aktiv und Passiv**

Datum: _____

Name: _____

**❹ Ordne richtig zu. Nummeriere die Zuordnungen.**

| | | | |
|---|---|---|---|
| ① | Er lachte. | ○ | Aktiv / Präteritum |
| ② | Sie ist gefüttert worden. | ○ | Passiv / Futur I |
| ③ | Wir werden abgeholt werden. | ○ | Passiv / Plusquamperfekt |
| ④ | Du warst gefangen worden. | ○ | Passiv / Perfekt |
| ⑤ | Es wird gesagt. | ○ | Aktiv / Präsens |
| ⑥ | Du wirst sehen. | ○ | Passiv / Präsens |
| ⑦ | Wir singen. | ○ | Aktiv / Futur I |

**❺ Bilde von folgendem Passivsatz alle Zeiten.**

| Zeiten | Sätze |
|---|---|
| Präsens | Das Haus wird vom Feuer zerstört. |
| Präteritum | |
| Perfekt | |
| Plusquamperfekt | |
| Futur I | |

**❻ Forme die Sätze so um, dass das Verb im Passiv steht. Achte dabei auf die richtige Zeit.**

a) Martin putzt heute die Wohnung.

_____

b) Die Kinder präsentierten letztes Wochenende die schönsten Kunstwerke des Jahres.

_____

c) Der Journalist hat einen spannenden Artikel geschrieben.

_____

| Lernzielkontrolle (B) | Datum: |
| --- | --- |
| Thema: Aktiv und Passiv | Name: |

**❼ Forme die Sätze so um, dass das Verb im Aktiv steht. Achte dabei auf die richtige Zeit.**

a) Das Kissen war vom Lehrling genäht worden.

_____

b) Die Vertretungsordner werden von den Schülern neu angelegt werden.

_____

_____

c) Die Möbel werden von zwei Mitarbeitern getragen.

_____

**Lernzielkontrolle (A)**

**Thema: Konjunktiv I und II**

Datum: _____

Name: _____

❶ Setze die Begriffe in die richtige Lücke ein.

> Konjunktiv I – Indikativ – Möglichkeitsform – Konjunktiv II

Der _____ ist die Wirklichkeitsform. Der Konjunktiv ist die _____.

Stimmt der _____ mit dem Indikativ überein, so ist der _____ oder die Ersatzform

mit „würde" + Infinitiv einzusetzen.

❷ Ordne zu.

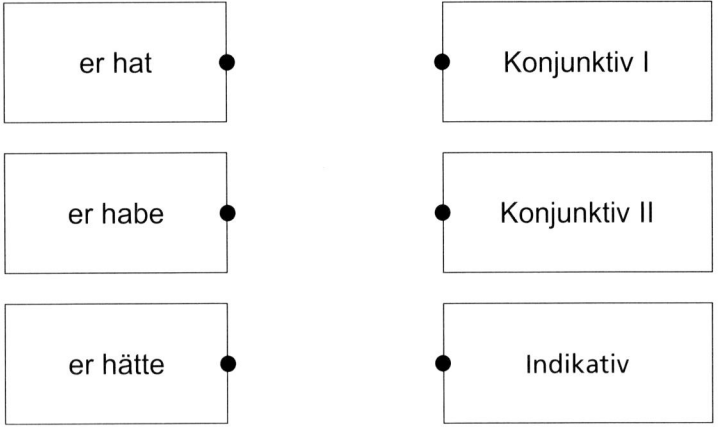

❸ Setze folgende Verben in den Konjunktiv I und II.

a) müssen

|  | Konjunktiv I | Konjunktiv II |
| --- | --- | --- |
| ich |  |  |

b) sein

|  | Konjunktiv I | Konjunktiv II |
| --- | --- | --- |
| ich |  |  |

c) brauchen

|  | Konjunktiv I | Konjunktiv II |
| --- | --- | --- |
| ich |  |  |

d) können

|  | Konjunktiv I | Konjunktiv II |
| --- | --- | --- |
| ich |  |  |

| Lernzielkontrolle (A) | Datum: |
|---|---|
| Thema: Konjunktiv I und II | Name: |

**❹ Bestimme die richtige Form der Sätze. Kreuze an.**

| Sätze | Indikativ | Konjunktiv I | Konjunktiv II |
|---|---|---|---|
| Ich gehe mit meinem Hund zum Tierarzt. | | | |
| Martin ziehe in eine neue Wohnung. | | | |
| Bella und Tina hätten eine tolle Idee. | | | |
| Die Kinder gehen auf den Spielplatz. | | | |
| Er gebe mir später die Tasche zurück. | | | |
| Wir bräuchten mehr Zeit zum Lernen. | | | |

**❺ Forme die Sätze in den Konjunktiv I um.**

a) Manu putzt heute das Bad.

Simon erzählt, _____.

b) Erwin ist der beste Sportler der Schule.

Die Klasse meint, _____.

c) Das Ehepaar Maier läuft jeden Tag 3 km im Wald.

Meine Oma berichtet, _____.

d) Der Fahrradfahrer fährt sehr vorsichtig.

Der Fußgänger berichtet, _____.

| Lernzielkontrolle (B) | Datum: _____ |
|---|---|
| Thema: Konjunktiv I und II | Name: _____ |

**❶ Fülle die Lücken aus.**

Der _____ ist die Wirklichkeitsform. Der Konjunktiv ist die _____.

Stimmt der _____ mit dem Indikativ überein, so ist der _____ oder die Ersatzform

mit „würde" + Infinitiv einzusetzen.

**❷ Ordne zu.**

sie ist • • Konjunktiv I

er habe • • Konjunktiv II

es käme • • Indikativ

**❸ Setze folgende Verben in den Konjunktiv I und II.**

a) müssen

| | Konjunktiv I | Konjunktiv II |
|---|---|---|
| ich | | |

b) sein

| | Konjunktiv I | Konjunktiv II |
|---|---|---|
| wir | | |

c) brauchen

| | Konjunktiv I | Konjunktiv II |
|---|---|---|
| er/sie/es | | |

d) singen

| | Konjunktiv I | Konjunktiv II |
|---|---|---|
| du | | |

e) kommen

| | Konjunktiv I | Konjunktiv II |
|---|---|---|
| ich | | |

| Lernzielkontrolle (B) | Datum: _____ |
|---|---|
| **Thema: Konjunktiv I und II** | Name: _____ |

**❹ Forme die Sätze richtig um. Konjunktiv I oder II?**

a) Manu putzt heute das Bad.

Simon erzählt, _____.

b) Erwin ist der beste Sportler der Schule.

Die Klasse meint, _____.

c) Das Ehepaar Maier läuft jeden Tag 3 km im Wald.

Meine Oma berichtet, _____.

d) Die Schüler haben zu viele Hausaufgaben auf.

Lars ruft, _____.

e) Die Kinder wissen viel über die Erziehung von Hunden.

Die Lehrerin berichtet, _____.

f) Der Fahrradfahrer fährt sehr vorsichtig.

Der Fußgänger berichtet, _____.

g) Viele Jugendlichen kommen abends ins Jugendhaus.

Der Sozialarbeiter erzählt, _____.

**Lernzielkontrolle (A)**

**Thema: Relativsätze –** *das* **oder** *dass*

Datum: _____

Name: _____

❶ Richtig oder falsch? Kreuze an.

| Aussage | richtig | falsch |
|---|---|---|
| *Das* kann ein Artikel sein. | | |
| *Das* kann ein Relativpronomen sein und wird mit einem s geschrieben. | | |
| *Dass* kann ein Relativpronomen sein und wird mit ss geschrieben. | | |
| *Dass* leitet einen Hauptsatz ein. | | |
| *Dass* steht häufig nach Verben des Denkens, Fühlens oder Sagens (z. B. Ich glaube, *dass* … Ich meine, *dass* …). | | |
| Kannst du *das* durch *welches* oder *dieses* ersetzen, schreibst du *das*. | | |

❷ Setze *das* oder *dass* ein. Achte auf die Groß- und Kleinschreibung.

a) _____ Handy ist neu.

b) Ich denke, _____ dein neues Handy sehr teuer war.

c) Ich glaube, _____ _____ Handy eine extra Versicherung braucht.

d) Es nervt mich schon lange, _____ ich ein altes Handy habe.

e) _____ Kind, _____ in meiner Straße wohnt, hat _____ neuste Handymodell.

❸ Setze alle Kommas und entscheide, ob du *das* oder *dass* einsetzen musst. Achte auf die Groß- und Kleinschreibung.

_____ schlechte Gewissen

Ein neugieriges Tier _____ in meiner Wohnung lebt _____ auf den Namen Chip hört, ist ein kleiner Dieb. _____ Diebesgut _____ er am Tag zuvor entwendet hatte, wurde freiwillig herausgegeben. Er dachte _____ _____ Handy ein tolles Spielzeug sei. Sein Frauchen _____ Gerät bereits als vermisst gemeldet hat, kann _____ alles nicht fassen. Doch warum gab er _____ Handy wieder zurück? War ihm _____ etwa zu anstrengend? Schließlich hatte _____ besorgte Frauchen ständig angerufen, um _____ verlegte Handy wieder zu finden. Vielleicht plagte ihn aber doch _____ schlechte Gewissen. _____ es dafür eine Belohnung gibt _____ kann sich der kleine Kater aber abschminken. Aber es ist gut _____ es _____ noch für andere Dinge gibt.

**Lernzielkontrolle (B)**  Datum: _____

**Thema: Relativsätze – *das* oder *dass*** Name: _____

❶ Richtig oder falsch? Kreuze an.

| Aussage | richtig | falsch |
|---|---|---|
| *Das* kann ein Artikel sein. | | |
| *Das* kann ein Relativpronomen sein und wird mit einem s geschrieben. | | |
| *Dass* kann ein Relativpronomen sein und wird mit ss geschrieben. | | |
| *Dass* leitet einen Hauptsatz ein. | | |
| *Dass* steht häufig nach Verben des Denkens, Fühlens oder Sagens (z. B. Ich glaube, *dass* ... Ich meine, *dass* ...). | | |
| Kannst du *das* durch *welches* oder *dieses* ersetzen, schreibst du *das*. | | |
| Vor dem *dass*-Satz steht nie ein Komma. | | |
| *Dass* kann nie durch ein anderes Wort ersetzt werden. Es handelt sich um eine Konjunktion. | | |
| Die Konjunktion *dass* leitet einen Nebensatz ein. Im Nebensatz steht das Verb am Ende. | | |

❷ Setze *das* oder *dass* ein.

a) _____ Handy ist neu.

b) Ich denke, _____ dein neues Handy sehr teuer war.

c) Ich glaube, _____ _____ Handy eine extra Versicherung braucht.

d) Es nervt mich schon lange, _____ ich ein altes Handy habe.

e) _____ Kind, _____ in meiner Straße wohnt, hat _____ neuste Handymodell.

f) _____ ist _____ Handy, _____ ich mir immer gewünscht habe.

g) _____ hätte ich nicht gedacht, _____ du ausgerechnet _____ haben möchtest.

❸ Schreibe den Text ab. Setze alle Kommas und entscheide, ob du *das* oder *dass* einsetzen musst.

_____ schlechte Gewissen

Ein neugieriges Tier _____ in meiner Wohnung lebt _____ auf den Namen Chip hört, ist ein kleiner Dieb. _____ Diebesgut _____ er am Tag zuvor entwendet hatte, wurde freiwillig herausgegeben. Er dachte _____ Handy ein tolles Spielzeug sei. Sein Frauchen _____ _____ Gerät bereits als vermisst gemeldet hat, kann _____ alles nicht fassen. Doch warum gab er _____ Handy wieder zurück? War ihm _____ etwa zu anstrengend? Schließlich hatte _____ besorgte Frauchen ständig angerufen, um _____ verlegte Handy wieder zu finden. Vielleicht plagte ihn aber doch _____ schlechte Gewissen. _____ es dafür eine Belohnung gibt _____ kann sich der kleine Kater aber abschminken. Aber es ist gut _____ es _____ noch für andere Dinge gibt.

Lernzielkontrolle (A)

Thema: Vorgangsbeschreibung – Rezept

Datum: _____

Name: _____

❶ Betrachte die Bilder genau.

❷ Notiere auf einem extra Blatt in einer Tabelle zunächst alle <u>Zutaten</u> und <u>Küchengeräte</u>, die man für die Zubereitung des Gerichts benötigt.

❸ Schreibe nun das Rezept für das „Zitronen-Hähnchen mit Rosmarin-Gnocchi" für ein Kochbuch auf. Beachte dabei die Kriterien einer Vorgangsbeschreibung.

*Tipp: Folgende Verben können dir beim Schreiben behilflich sein:*

> abwaschen – zupfen – zerteilen – abtrocknen – erhitzen –
> anbraten – garen – dünsten – abreiben

## Zitronen-Hähnchen mit Rosmarin-Gnocchi

**1. Vorgang**

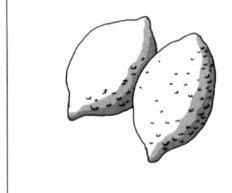    

**2. Vorgang**

**3. Vorgang**

# Lernzielkontrolle (A)

**Thema: Vorgangsbeschreibung – Rezept**

Datum: _____

Name: _____

### 4. Vorgang

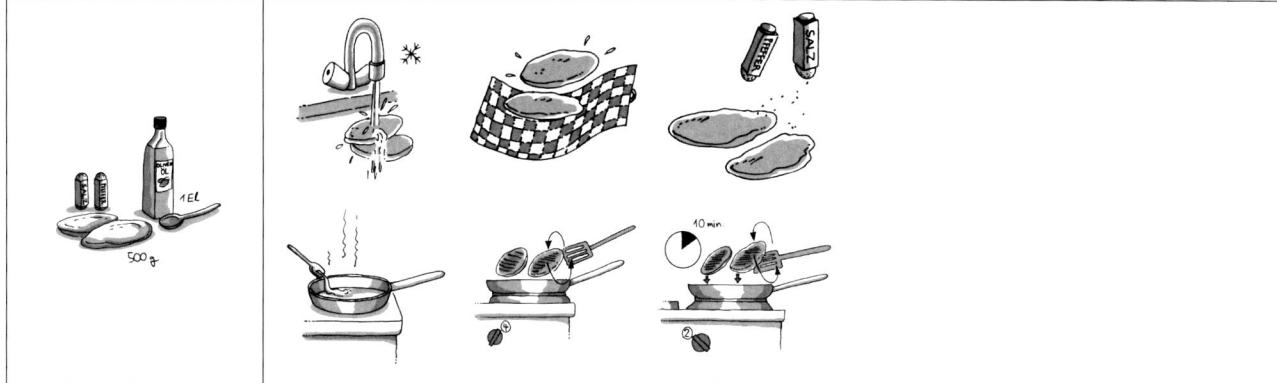

### 5. Vorgang

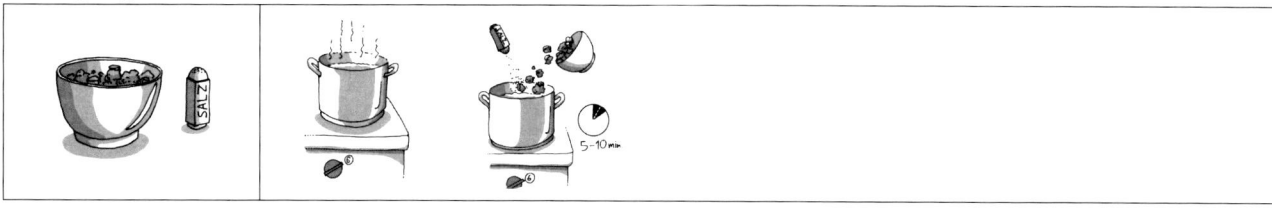

### 6. Vorgang

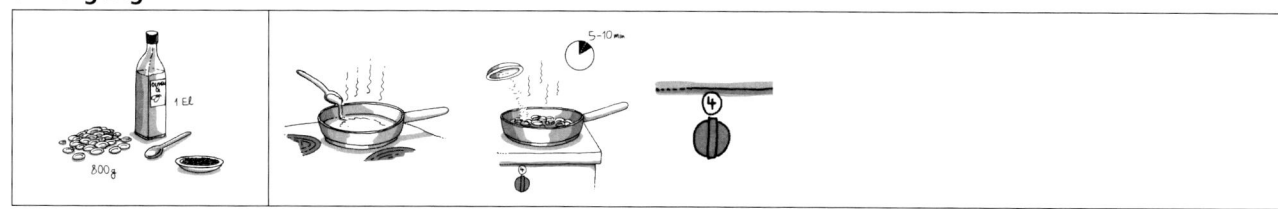

### 7. Vorgang

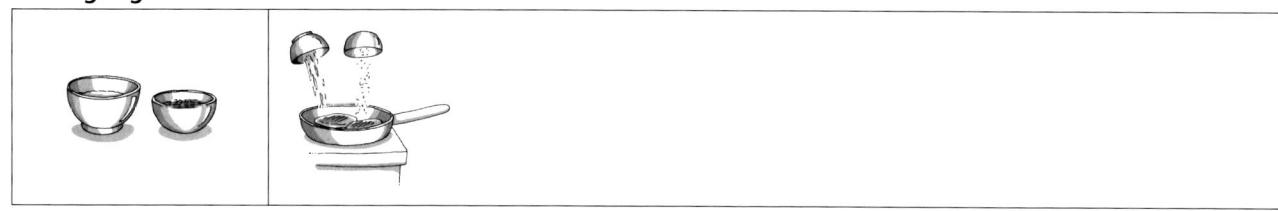

### 8. Vorgang

### 9. Vorgang

| Lernzielkontrolle (B) | Datum: |
| --- | --- |
| Thema: Vorgangsbeschreibung – Rezept | Name: |

❶ Betrachte die Bilderfolge genau.

❷ Schreibe nun auf einem extra Blatt das Rezept für das „Zitronen-Hähnchen mit Rosmarin-Gnocchi" für ein Kochbuch auf.

Beachte dabei die Kriterien einer Vorgangsbeschreibung.

Zitronen-Hähnchen
mit Rosmarin-Gnocchi

1. Vorgang

2. Vorgang

3. Vorgang

# Lernzielkontrolle (B)
## Thema: Vorgangsbeschreibung – Rezept

Datum: _____
Name: _____

**4. Vorgang**

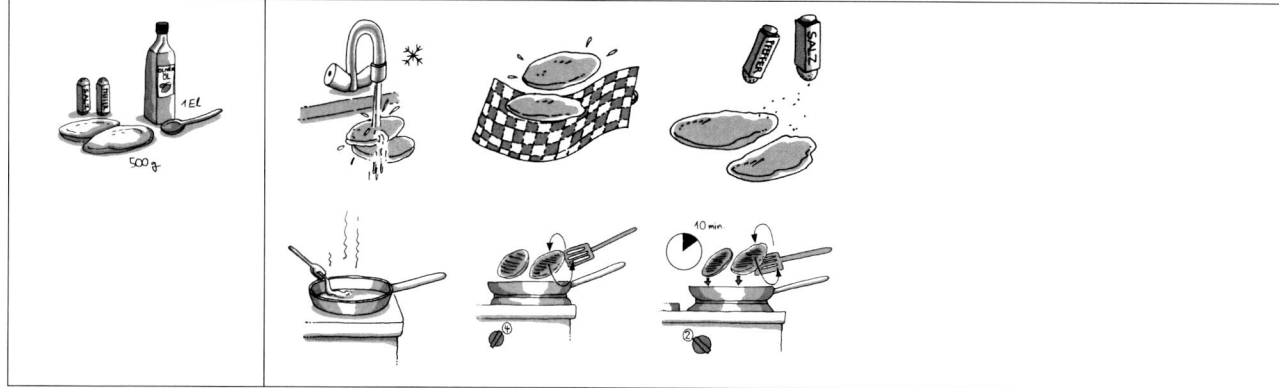

**5. Vorgang**

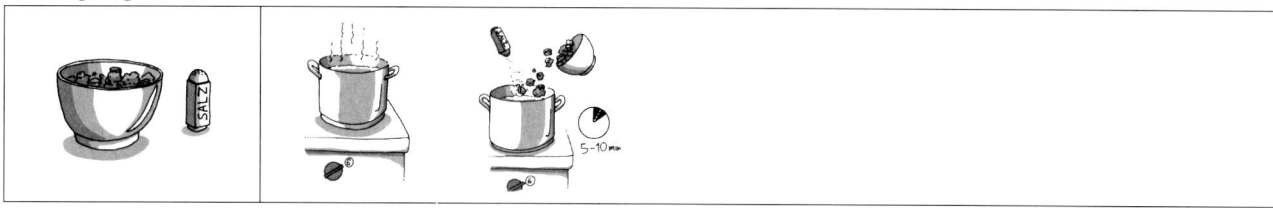

**6. Vorgang**

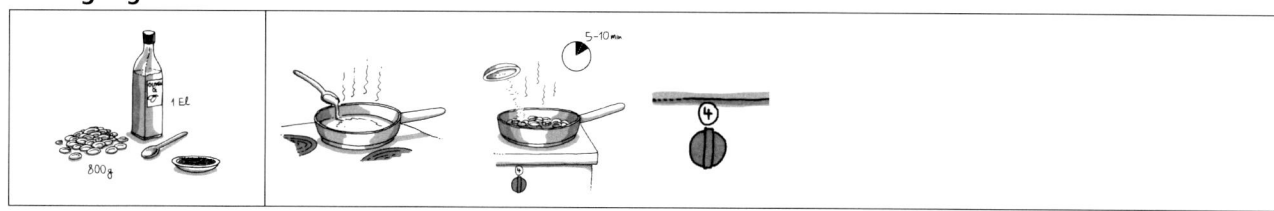

**7. Vorgang**

**8. Vorgang**

**9. Vorgang**

Lesetext Lernzielkontrolle Inhaltsangabe

# Das Kätzchen auf Dovre (Norwegisches Volksmärchen)

1 Es war einmal ein Mann in Finnmarken, der hatte einen
2 großen weißen Bären gefangen, den wollte er dem
3 König von Dänemark bringen. Nun traf es sich so, dass er
4 gerade am Weihnachtsabend zum Dovrefjeld kam, und
5 da ging er in ein Haus, wo ein Mann namens Halvor
6 wohnte, und den bat er um Nachtquartier für sich und
7 seinen Bären.

8 „Ach, Gott steh mir bei!", sagte der Mann, „wie sollte
9 ich wohl jemandem Nachtquartier geben können!
10 Am Weihnachtsabend kommen hier immer so viele
11 Trolle, dass ich mit den Meinen ausziehen muss und
12 selber nicht einmal ein Dach über dem Kopf habe."
13 „Oh, ihr könnt mich deswegen doch beherbergen",
14 sagte der Mann, „denn mein Bär kann hier hinter dem
15 Ofen liegen, und ich lege mich in den Bettverschlag."

16 Halvor hatte nichts dagegen, zog aber selbst mit seinen Leuten aus, nachdem er zuvor gehörig für die
17 Trolle hatte auftischen lassen: Die Tische waren besetzt mit Reisbrei, Stockfisch, Wurst und was sonst zu
18 einem herrlichen Gastschmaus gehört.

19 Bald darauf kamen die Trolle; einige waren groß, andere klein, einige hatten lange Schwänze, andere
20 waren ohne Schwanz, und einige hatten ungeheuer lange Nasen, und alle aßen und tranken und waren
21 guter Dinge. Da erblickte einer von den jungen Trollen den Bären, der hinter dem Ofen lag, steckte ein
22 Stückchen Wurst an die Gabel und hielt es dem Bären vor die Nase. „Kätzchen, magst du auch Wurst?",
23 sagte er. Da fuhr der Bär auf, fing fürchterlich an zu brummen und jagte sie alle, Groß und Klein, aus
24 dem Hause.

25 Im Jahr darauf war Halvor eines Nachmittags so gegen Weihnachten im Walde und schlug Holz für das
26 Fest; denn er erwartete wieder die Trolle. Da hörte er es plötzlich im Wald rufen: „Halvor! Halvor!" –
27 „Ja!", sagte Halvor. „Hast du noch die große Katze?", rief es. „Ja", sagte Halvor, „jetzt hat sie sieben
28 Junge bekommen, und die sind noch viel größer und böser als sie." – „Dann kommen wir niemals
29 wieder zu dir!", rief der Troll im Walde. Und von der Zeit an haben die Trolle nie wieder den Weih-
30 nachtsbrei bei Halvor auf Dovre gegessen.

| Lernzielkontrolle (A) | Datum: _____ |
| Thema: Inhaltsangabe | Name: _____ |

**❶ Lies das Märchen „Das Kätzchen auf Dovre".**

**❷ Ergänze die richtigen Zeilenangaben zu den Überschriften der Sinnabschnitte.**

| Überschrift | Zeilenangaben |
|---|---|
| Der Weihnachtsabend im nächsten Jahr | |
| Die Ankunft des Bären und des Mannes bei Halvor | |
| Der Besuch und die Flucht der Trolle | |
| Ein Schlafquartier ist gefunden | |
| Halvors Auszug und seine Vorbereitungen | |

**❸ Beantworte folgende Fragen in Stichworten.**

a) Was erfährst du über das Aussehen und die Herkunft des weißen Bären?

b) Was hat der Mann aus Finnmarken mit dem Bären vor?

c) Warum zögert Halvor, den Gästen ein Nachtquartier anzubieten?

d) Warum flüchten die Trolle aus dem Haus von Halvor?

| Lernzielkontrolle (A) | Datum: _____ |
|---|---|
| Thema: Inhaltsangabe | Name: _____ |

e) Warum kommen die Trolle am Weihnachtsabend nie wieder zu Halvor?

_____

_____

_____

f) Warum heißt die Überschrift des Märchens „Das Kätzchen auf Dovre"?

_____

_____

_____

_____

❹ Beantworte die Fragen *Wer?, Wo?, Wann?, Was?, Wie?, Warum?*

Wer? _____

_____

Wo? _____

_____

Wann? _____

_____

Was? _____

_____

Wie? _____

_____

Warum? _____

❺ Wichtige Kriterien beim Schreiben einer Inhaltsangabe: Richtig oder falsch?

**Lernzielkontrolle (A)**

**Thema: Inhaltsangabe**

Datum: _____

Name: _____

| Aussagen | richtig | falsch |
|---|---|---|
| Die Inhaltsangabe wird im Präteritum geschrieben. | | |
| Die Inhaltsangabe soll den Leser unterhalten. | | |
| Man verwendet beim Schreiben einer Inhaltsangabe eine sachliche Sprache. | | |
| Man übernimmt Formulierungen aus der Textvorlage wörtlich. | | |
| Direkte Rede muss in indirekte Rede umgewandelt werden. | | |

❻ Schreibe nun eine Inhaltsangabe des Märchens. Beachte dabei die Kriterien einer Inhaltsangabe.

**Lernzielkontrolle (B)**

**Thema: Inhaltsangabe**

Datum: _____

Name: _____

❶ Lies das Märchen „Das Kätzchen auf Dovre".

❷ Suche für die fünf Sinnabschnitte passende Überschriften.

| Zeilenangaben | Überschrift |
|---|---|
| Z. 1 – Z. 7 | |
| Z. 8 – Z. 15 | |
| Z. 16 – Z. 18 | |
| Z. 19 – Z. 24 | |
| Z. 25 – Z. 30 | |

❸ Beantworte die W-Fragen.

❹ Erkläre den allgemeinen Aufbau einer Inhaltsangabe.

# Lernzielkontrolle (B)
## Thema: Inhaltsangabe

Datum: _____

Name: _____

❺ Nenne drei wichtige sprachliche Aspekte beim Schreiben einer Inhaltsangabe.

❻ Schreibe nun eine Inhaltsangabe des Märchens. Beachte dabei die Kriterien einer Inhaltsangabe.

| Lernzielkontrolle (A) | Datum: _____ |
|---|---|
| Thema: Zeitungsbericht – Überarbeitung | Name: _____ |

**❶ Lies die Informationen, die ein Zeitungsreporter zu seinem Zeitungsbericht angefertigt hat.**

> Ich bin so aufgeregt. Irgendein Verrückter fordert eine Million Euro, ansonsten will er das Einkaufszentrum in die Luft sprengen.

> So etwas habe ich noch nie erlebt! So viele Polizisten im Einkaufszentrum! Ich bin schon etwas nervös.

- ✗ 17. August 2013: Bombenalarm in Frankfurt am Main im Hessencenter
- ✗ anonyme Bombenbedrohung in einem Einkaufszentrum
- ✗ 10 000 Frankfurter wurden aufgerufen, sofort ihre Wohnungen zu verlassen.
- ✗ Spezialeinsatz für das Sprengstoffspürschwein Billy
- ✗ Täter wurde von Billy gefunden.
- ✗ Hintergrund der Tat: große Geldsorgen eines Familienvaters

**❷ Lies den Zeitungsbericht.**

Bombendrohung eines verzweifelten Familienvaters

## Einsatz: 1 000 Polizeibeamte in Alarmbereitschaft

Hessencenter, Frankfurt am Main. Gestern, am 19. August 2013, kommt es zu einem Spezialeinsatz des Frankfurter Sprengstoffspürschweins Billy. Gestern kommt es am späten Vormittag zu einem anonymen Anruf bei der Berliner Polizei. Über 10 000 Frankfurter werden dazu aufgefordert, sofort ihre Wohnungen zu verlassen. Das gesamte Einkaufszentrum wird sofort vorsorglich evakuiert. Dann kam noch Billys großer Auftritt. Dann gab Billy Entwarnung: Der speziell ausgebildete Sprengstoffspürhund kann keine Bombe finden. „Trotzdem haben wir das Gebiet weiträumig abgesichert. Das ist kein Spaß!", betont der Pressesprecher der Frankfurter Polizei. Plötzlich verfolgt Billy einen interessierten Beobachter des Polizeieinsatzes. Beamte finden in der Tasche des Mannes tatsächlich Sprengstoff. Zum Glück endet der Einsatz ohne Verletzte. Der Täter ist ein hoch verschuldeter Familienvater, der mit dem geforderten Lösegeld von zwei Millionen Euro vor allem sein Haus abbezahlen wollte. Billy erhält zur Belohnung eine Pizza. Billy ist zurzeit das einzige Sprengstoffspürschwein in Hessen, das die Polizei mit seiner Nase erfolgreich unterstützt.

# Lernzielkontrolle (A)
## Thema: Zeitungsbericht – Überarbeitung

Datum: _____

Name: _____

a) Unterstreiche grün, was du in diesem Zeitungsbericht verändern würdest.

b) Unterstreiche die wichtigsten W-Fragen, die im Text verarbeitet werden, blau.

c) Kreise inhaltliche Fehler gelb ein.

*Beispiel:* In den Notizen steht, dass die Bombendrohung am 17.08.2013 erfolgte. Überprüfe nun, ob im Zeitungsartikel auch das richtige Datum steht. Falls nicht, kreise es gelb ein.

❸ **Kurzbericht**

a) Beantworte in Stichworten die folgenden W-Fragen zum Zeitungsbericht.

- Wann?
- Wo?
- Wer?
- Was?
- Warum?
- Welche Folgen?

b) Fasse den Zeitungsartikel in einem Kurzbericht (maximal fünf Sätze) zusammen.

_____
_____
_____
_____
_____
_____
_____
_____
_____
_____
_____
_____

**Lernzielkontrolle (B)**

**Thema: Zeitungsbericht – Überarbeitung**

Datum: _____

Name: _____

❶ Lies die Informationen, die ein Zeitungsreporter zu seinem Zeitungsbericht angefertigt hat.

> Ich bin so aufgeregt. Irgendein Verrückter fordert eine Million Euro, ansonsten will er das Einkaufszentrum in die Luft sprengen.

> So etwas habe ich noch nie erlebt! So viele Polizisten im Einkaufszentrum! Ich bin schon etwas nervös.

- 17. August 2013: Bombenalarm in Frankfurt am Main im Hessencenter
- anonyme Bombenbedrohung in einem Einkaufszentrum
- 10 000 Frankfurter wurden aufgerufen, sofort ihre Wohnungen zu verlassen.
- Spezialeinsatz für das Sprengstoffspürschwein Billy
- Täter wurde von Billy gefunden.
- Hintergrund der Tat: große Geldsorgen eines Familienvaters

❷ Lies den Zeitungsbericht.

Bombendrohung eines verzweifelten Familienvaters

## Einsatz: 1 000 Polizeibeamte in Alarmbereitschaft

Hessencenter, Frankfurt am Main. Gestern, am 19. August 2013, kommt es zu einem Spezialeinsatz des Frankfurter Sprengstoffspürschweins Billy. Gestern kommt es am späten Vormittag zu einem anonymen Anruf bei der Berliner Polizei. Über 10 000 Frankfurter werden dazu aufgefordert, sofort ihre Wohnungen zu verlassen. Das gesamte Einkaufszentrum wird sofort vorsorglich evakuiert. Dann kam noch Billys großer Auftritt. Dann gab Billy Entwarnung: Der speziell ausgebildete Sprengstoffspürhund kann keine Bombe finden. „Trotzdem haben wir das Gebiet weiträumig abgesichert. Das ist kein Spaß!", betont der Pressesprecher der Frankfurter Polizei. Plötzlich verfolgt Billy einen interessierten Beobachter des Polizeieinsatzes. Beamte finden in der Tasche des Mannes tatsächlich Sprengstoff. Zum Glück endet der Einsatz ohne Verletzte. Der Täter ist ein hoch verschuldeter Familienvater, der mit dem geforderten Lösegeld von zwei Millionen Euro vor allem sein Haus abbezahlen wollte. Billy erhält zur Belohnung eine Pizza. Billy ist zurzeit das einzige Sprengstoffspürschwein in Hessen, das die Polizei mit seiner Nase erfolgreich unterstützt.

**Lernzielkontrolle (B)**

**Thema: Zeitungsbericht – Überarbeitung**

Datum: _____

Name: _____

a) Unterstreiche grün, was du in diesem Zeitungsbericht verändern würdest.

b) Unterstreiche die wichtigsten W-Fragen, die im Text verarbeitet werden, blau.

c) Kreise inhaltliche Fehler gelb ein.

*Beispiel:* In den Notizen steht, dass die Bombendrohung am 17.08.2013 erfolgte. Überprüfe nun, ob im Zeitungsartikel auch das richtige Datum steht, falls nicht, kreise es gelb ein.

❸ **Textbearbeitung**

a) Beantworte in Stichworten die folgenden W-Fragen.

- Wann?
- Wo?
- Wer?
- Was?
- Warum?
- Welche Folgen?

b) Du hast nun einige Fehler in diesem Zeitungsbericht gefunden. Überarbeite den Zeitungsbericht für den Zeitungsreporter. Schreibe den Bericht noch einmal komplett auf.

_____
_____
_____
_____
_____
_____
_____
_____
_____
_____
_____
_____

## Lesetext Lernzielkontrolle Erzähltexte erschließen

# Romanauszug: Martyn Pig

1 Das Einzige, was ich an diesem Abend wollte, war im Fernsehen *Inspektor Morse* gucken. [...] Also
2 Mittwochabend. Halb neun. Im Wohnzimmer. Die Vorhänge waren geschlossen. Ein kaltes orangen-
3 farbenes Licht flackerte hinter der unechten Kohle des elektrischen Kamins. Ich hockte auf dem
4 Fußboden, den Nacken gegen das Sofa gelehnt, Dad saß in seinem Sessel und trank. Ich wusste nicht,
5 wie viel er schon intus hatte, aber so sehr viel konnte es für mein Gefühl nicht sein, denn er machte die
6 ganze Zeit blöde Bemerkungen über Morse und versuchte, witzig zu sein. Stufe eins. Es nervte, aber ich
7 saß einfach da und versuchte, ihn zu ignorieren, in der Hoffnung, dass es ihm langweilig würde und er
8 die Klappe hielt oder in einen Pub ging und mich in Ruhe ließ. Doch von wegen. Er machte immer
9 weiter. [...]

10 Er hörte einfach nicht auf. Es ging weiter und immer weiter. Ich konnte mich nicht konzentrieren.
11 Ich bekam nicht mit, worum es ging. Ich verlor den Faden. Dann fing er mit dem Lewis-Getue an. Falls
12 du die Serie nicht kennst: Lewis ist Morses Gehilfe. [...] Ein- oder zweimal in jeder Folge ruft Morse
13 seinen Namen: „*Lewis!*" So eine Art Schlagwort. Aus irgendeinem unerklärlichen Grund fand das Dad
14 immer komisch, und jedes Mal, wenn es kam, fing er auch an und machte Morse auf total alberne Weise
15 nach: „*Lew-is! Lew-is! Lew-is!*" Und lachte dann wie verrückt über seinen unglaublichen Witz. Als er es
16 zum ersten Mal tat, war es ja fast noch lustig. Aber auch nur fast. Doch später, als ich es ungefähr zum
17 hundertsten Mal gehört hatte, machte es mich einfach krank. Wieso? Wieso tat er das? Immer und
18 immer wieder. *Wieso?*

19 Da hockte ich also auf dem Fußboden, dicht zum Fernseher gebeugt, und versuchte mitzukriegen,
20 worum es ging. Morse saß in seinem Büro am Schreibtisch und dachte nach, runzelte die Stirn und
21 versuchte herauszufinden, wer der Täter war. Im Hintergrund eine träumerische Musik. Plötzlich setzte
22 er sich auf und zwinkerte. Etwas Entscheidendes. [...] Im Fernsehen redete Morse mit Lewis und erklärte
23 ihm seinen entscheidenden Einfall, aber ich konnte kein Wort verstehen. Das Einzige, was ich hörte, war
24 Dads verrücktes Gekreisch in meinem Ohr: „*Lew-is! Lew-is! Lew-is! Lew-is! Lew-is! Lew-*"
25 „HALT DIE KLAPPE!"

26 Ich war aufgesprungen und blickte ihn von der anderen Seite des Zimmers an. „Herrgott noch mal, Dad,
27 halt einfach die Klappe! Das ist nicht lustig, das ist jämmerlich. Du bist jämmerlich. Warum kannst du
28 nicht einfach die Klappe halten und mich ein Mal das verdammte Fernsehprogramm gucken lassen?"
29 Er starrte mich fassungslos an. Ich starrte zurück. Er stellte seine Bierdose auf den Tisch. „Was hast du
30 gesagt?" „Nichts. Egal." Meine Wut war verflogen. Ich wandte mich ab. Ich spürte die Bewegung hinter
31 mir mehr, als ich sie hörte, drehte mich gerade noch rechtzeitig um und sah, wie er auf mich losging,
32 die Faust über den Kopf erhoben, der Wahnsinn des Vollsuffs loderte in seinen Augen.

# Lesetext Lernzielkontrolle Erzähltexte erschließen

33 Ich reagierte ganz automatisch. Als ich zur Seite sprang, verpasste mich seine niedergehende Faust um
34 ein Haar. Und genau als ihn sein Schwung an mir vorbeitrug, stieß ich ihm in den Rücken. Mehr war es
35 nicht. Einfach ein Stoß. Eine instinktive Verteidigungsbewegung. Mehr nicht. Ich habe ihn nicht ge-
36 schlagen oder sonst irgendwas. Das Einzige, was ich tat, war, ihn wegzustoßen. Ich *berührte* ihn kaum.
37 Er muss das Gleichgewicht verloren haben, nehme ich an. Zu betrunken, um sich noch auf den Beinen zu
38 halten. Ich weiß nicht ... Das Einzige, was ich genau weiß: Er flog durchs Zimmer, schlug mit dem Kopf
39 gegen die Kaminwand, fiel zu Boden und lag regungslos da. Ich hör das Geräusch noch immer. Das
40 widerliche Knacken von Knochen auf Stein. Ich wusste, er war tot. Sofort. Ich wusste es. [...]

41 Ich wusste, er war tot. Ich konnte es fühlen. Kein Atem, Bewegungslosigkeit, Leblosigkeit. Ich stand eine
42 Minute da, ohne mich zu bewegen. Stand einfach nur da, starrend, mit leerem Kopf und heftig
43 schlagendem Herzen. [...] Als ich im Wohnzimmer stand und auf Dads toten Körper blickte, wie er da
44 so seltsam auf dem Boden lag, brabbelte der Fernseher im Hintergrund weiter. Werbung. Glückliche
45 Familien, die um einen Küchentisch tanzten. [...] Ich beugte mich runter und stellte den Fernseher aus.
46 Die Stille war kalt wie der Tod.

| Lernzielkontrolle (A) | Datum: _____ |
|---|---|
| Thema: Erzähltexte erschließen – Ein Jugendbuchauszug | Name: _____ |

**❶** Lies den Auszug aus „Martyn Pig" und beantworte die folgenden Fragen zum Tathergang in ganzen Sätzen.

    a) Wann passierte es?                            c) Was genau passierte?

    b) Wo passierte es?                                d) Warum kam es zum Streit?

**❷** In den folgenden Sätzen sind Fehler versteckt. Schreibe die Aussagen richtig auf.

    a) Martyn und sein Dad schauten an einem Freitagabend zusammen einen Sherlock-Holmes-Film an.

    _____

    b) Martyns Dad hat Drogen genommen und stört durch laute Zwischenrufe seinen Sohn beim Fernsehen.

    _____

    c) Schließlich wird Martyn so wütend, dass er die Wohnung verlässt.

    _____

    d) Nach seiner Beleidigung gegenüber seinem Vater, entschuldigt sich Martyn bei ihm.

    _____

**❸** Wie verhält sich Martyn in dieser Textstelle gegenüber seinem Vater? Versuche, seine Gefühle und sein Verhalten möglichst genau zu beschreiben.

| Absatz | Gefühle und Verhalten von Martyn |
|---|---|
| 1 | |
| 2 | |
| 3 | |

**Lernzielkontrolle (A)**

Datum: _____

**Thema: Erzähltexte erschließen – Ein Jugendbuchauszug**  Name: _____

| Absatz | Gefühle und Verhalten von Martyn |
|---|---|
| 4 | |
| 5 | |
| 6 | |

❹ **Wie geht die Geschichte wohl weiter?**

**Schreibe sie aus der Perspektive von Martyn in der Ich-Form auf. Gehe dabei auch auf Martyns Gedanken und Gefühle ein.**

Folgende Überlegungen können dir dabei helfen:

- *Was macht Martyn nun als Nächstes?*
- *Ist Martyn froh, dass sein Vater nicht mehr da ist? Fühlt er sich schuldig? Hätte er anders reagieren müssen/können?*
- *Wem könnte er von dem Vorfall berichten?*
- *Wie ändert sich nun Martyns Leben?*
- *Was sagt wohl die Polizei zu diesem Vorfall?*
- *Wie fühlt sich Martyn nun, wenn er weiß, dass sein alkoholkranker Vater ihn nie wieder nerven wird?*

**Lernzielkontrolle (B)**  Datum: _____

**Thema: Erzähltexte erschließen – Ein Jugendbuchauszug**  Name: _____

**❶ Beantworte die folgenden Fragen zum Tathergang in ganzen Sätzen.**

a) Wann passierte es?

b) Wo passierte es?

c) Was genau passierte?

d) Warum kam es zum Streit?

**❷ In den folgenden Sätzen sind Fehler versteckt. Schreibe die Aussagen richtig auf.**

a) Martyn und sein Dad schauten an einem Freitagabend zusammen einen Sherlock-Holmes-Film.

b) Martyns Dad hat Drogen genommen und stört durch laute Zwischenrufe seinen Sohn beim Fernsehen.

c) Schließlich ist Martyn so wütend, dass er die Wohnung verlässt.

d) Nach seiner Beleidigung gegenüber seinem Dad entschuldigt sich Martyn bei ihm.

e) Martyn wird immer aggressiver, sodass es zu einer Schlägerei zwischen Vater und Sohn kommt.

f) Martyn schaut nach der Auseinandersetzung mit seinem betrunkenen Vater die Krimiserie zu Ende.

**❸ Wie verhält sich Martyn in diesem Textauszug gegenüber seinem Vater? Versuche, seine Gefühle und sein Verhalten möglichst genau zu beschreiben.**

Gehe dafür Absatz für Absatz durch.

Beginne folgendermaßen:

Absatz 1 (Z. 1 – Z. 9): ....

Absatz 2 (Z. 10 – Z. 18):

**❹** *Die Stille war kalt wie der Tod. ... (Z. 45 – Z. 46)*

**Versuche zu erklären, was das Ausschalten des Fernsehers und die damit eintretende Stille für Martyn bedeuten könnte.**

**❺ Wie geht die Geschichte wohl weiter?**
**Schreibe sie aus der Perspektive von Martyn in der Ich-Form auf.**
**Gehe dabei auch auf Martyns Gedanken und Gefühle ein.**

Du könntest folgendermaßen beginnen:

*Ich wollte es zunächst nicht begreifen. Auf einmal wäre ich sogar froh gewesen, wenn er wieder „Lewis" gerufen hätte. ...*

# Sommer, Sonne, Reisefieber

Umfragen ergeben, dass sehr viele Menschen reisen und die Mobilität immer weiter ansteigt. Von 100 befragten Deutschen verreisten 2014 immerhin 57 – vor 5 Jahren machte genau die Hälfte der Befragten einen fünftägigen Urlaub. Während die Reiselust zunehmend steigt, sinkt jedoch die Reisedauer: Kurzerholung heißt das Stichwort. In den 1980er-Jahren verreisten die Deutschen im Durchschnitt 18,2 Tage im Jahr. 2013 waren es gerade einmal 12 Tage. Aus den schönsten Wochen des Jahres werden zunehmend die schönsten Tage. Gründe für die gesteigerte Reiselust sei die geringe Arbeitslosenzahl. Außerdem hätten sich die finanziellen Sorgen der Bundesbürger verringert. Insgesamt verreisen gut 20 % der Deutschen sogar mehrfach im Jahr, wenn auch nur für Kurztrips.

Die Deutschen bevorzugen oftmals einen Strandurlaub. Sonne, Strand und Entspannung wird mit dem Stichwort Urlaub verbunden. 78 % gehen im Urlaub häufiger essen, 72 % freuen sich auf kulturelle Ausflüge in der näheren Umgebung, knapp die Hälfte badet gern im Meer oder See. 58 % wollen einfach jeden Tag ausschlafen, 62 % machen im Urlaub gerne Spaziergänge am Strand oder aber in den Bergen. Immerhin 22 % versuchen im Urlaub, neue Sportarten auszuprobieren und jeder vierte Befragte legt großen Wert auf Wellnessangebote im Hotel.

Zu den beliebtesten Reisezielen gehört neben Deutschland nach wie vor seit Jahren Spanien, gefolgt von Österreich, Italien und Frankreich sowie der Türkei. Doch warum machen immer mehr Deutsche auch Urlaub im eigenen Land? 73 % der befragten Urlauber ab 14 Jahren gaben an, dass sie die Vielseitigkeit Deutschlands sehr zu schätzen wissen. Außerdem biete auch Deutschland viele kulturelle Angebote, meinen 65 %. Gut die Hälfte der Befragten nennt als Grund, dass man im eigenen Land mit keinen Sprachproblemen zu kämpfen hätte. 38 % der Deutschen wollen in ihrem Urlaub außerdem nicht auf ihr gewohntes Essen verzichten. Als Hauptgrund nennen aber 78 % der Befragten, dass sie großen Wert auf eine kurze Anreise legen.

Doch Urlaub bedeutet auch immer eine finanzielle Belastung. 14 % der Befragten geben für ihren Urlaub bis zu 3 000,– € aus. Gut 22 % legen bis zu 2 000,– € für eine mehrtägige Reise hin. Ein Drittel der Befragten gab an, ein Budget zwischen 500,– und 1 000,– € für den Urlaub einzuplanen. Der Rest kann oder will nicht mehr als 500,– € für eine Urlaubsreise ausgeben.

| Lernzielkontrolle (A) | Datum: _____ |
|---|---|
| Thema: Sachtexte erschließen | Name: _____ |

❶ Lies den Sachtext „Sommer, Sonne, Reisefieber".

❷ Schreibe hinter die Überschriften der Sinnabschnitte die passenden Zeilenangaben.

| Überschriften der Sinnabschnitte | Zeilen |
|---|---|
| Urlaubsaktivitäten | |
| Reiseziele der Deutschen | |
| Steigende Reiselust bei sinkender Reisedauer | |
| Urlaub – eine finanzielle Frage | |

❸ Liste die drei beliebtesten Urlaubsaktivitäten stichpunktartig auf.

_____

_____

_____

❹ Beantworte folgende Fragen zum Sachtext:

a) Wie alt sind die befragten Urlauber?

_____

b) Was ist der wichtigste Grund für viele deutsche Urlauber, im eigenen Land Urlaub zu machen?

_____

_____

c) Was hat sich seit den 1980er-Jahren im Urlaubsverhalten verändert?

_____

_____

❺ Welche Aussage ist richtig? Kreuze an.

Deutsche Urlauber ...

○ ... reisen am liebsten nach Spanien.
○ ... gehen einmal im Jahr in Urlaub.
○ ... machen gern Urlaub in den Bergen.
○ ... geben zwischen 500,00 € und 3 000,00 € für den Urlaub aus.
○ ... bevorzugen Kurzurlaube.
○ ... verbinden mit Urlaub vor allem Entspannung am Strand.

❻ Deine Meinung

Wo würdest du gern Urlaub machen? In Deutschland oder lieber im Ausland? Warum ist das so? Begründe deine Meinung.

Schreibe dazu einen kurzen Text mit mindestens zehn Sätzen auf ein extra Blatt.

| Lernzielkontrolle (B) | Datum: |
|---|---|
| Thema: Sachtexte erschließen | Name: |

❶ Lies den Sachtext.

❷ Versuche in ein bis zwei Sätzen zu beschreiben, worüber der Text informiert.

___

___

___

___

❸ Gliedere den Text in Sinnabschnitte mit Zeilenangaben und finde dazu jeweils eine passende Zwischenüberschrift.

| Zwischenüberschrift | Zeilen |
|---|---|
|  | Z.        bis Z. |
|  |  |
|  |  |
|  |  |

❹ Frau Müller such nach einem möglichen Urlaubsziel. Sie schwankt zwischen Spanien und Deutschland. Nenne ihr in einer E-Mail Gründe, die für einen Urlaub in Deutschland sprechen.

Du kannst folgendermaßen beginnen:

> Liebe Frau Müller,
> immer mehr Deutsche machen Urlaub in ihrem eigenen Land. Dafür sprechen einige Gründe, die ich Ihnen nun gerne genauer erklären möchte.

Vervollständige den Text mit den Informationen aus dem Sachtext.

❺ Beantworte folgende Fragen zum Sachtext:

a) Wie alt sind die befragten Urlauber?

___

___

b) Was hat sich seit den 1980er-Jahren im Urlaubsverhalten verändert?

___

___

Lernzielkontrolle (B)

Thema: Sachtexte erschließen

Datum: _____

Name: _____

**❻ Welche Aussage ist richtig? Kreuze an.**

Deutsche Urlauber...

○ ... reisen am liebsten nach Spanien.

○ ... gehen einmal im Jahr in Urlaub.

○ ... machen gern Urlaub in den Bergen.

○ ... geben zwischen 500,00 € und 3 000,00 € für den Urlaub aus.

○ ... bevorzugen Kurzurlaube.

○ ... verbinden mit Urlaub vor allem Entspannung am Strand.

**❼ Diagramme vergleichen**

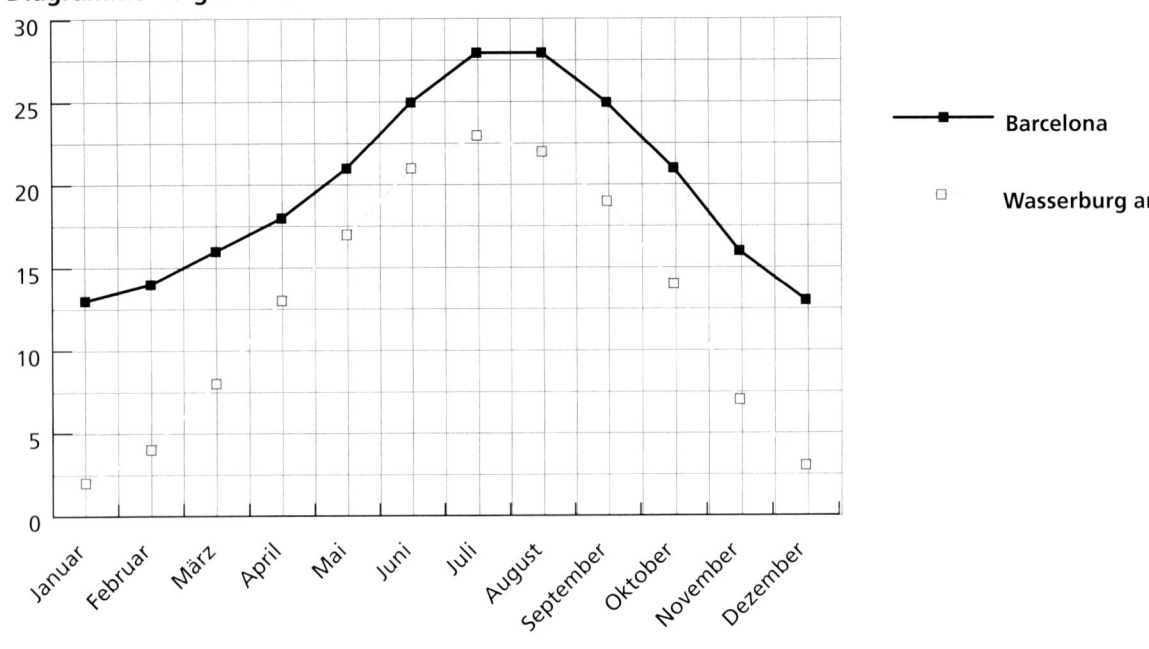

a) Familie Müller möchte im September in Urlaub fahren. Sie schwanken zwischen Barcelona und Wasserburg – Sie fahren dahin, wo es wärmer ist. Wo fahren sie hin und wie warm ist es dort?

_____

_____

b) Welche Monate sind die heißesten in Barcelona und Wasserburg?

_____

_____

# Lesetext Lernzielkontrolle Lyrische Texte

## John Maynard

**1**

John Maynard!
„Wer ist John Maynard?"
„John Maynard war unser Steuermann,
aushielt er, bis er das Ufer gewann,
er hat uns gerettet, er trägt die Kron',
er starb für uns, unsre Liebe sein Lohn.
John Maynard."

**2**

Die „Schwalbe" fliegt über den Erie-See,
Gischt schäumt um den Bug wie Flocken von Schnee;
von Detroit fliegt sie nach Buffalo –
die Herzen aber sind frei und froh,
und die Passagiere mit Kindern und Frau'n
im Dämmerlicht schon das Ufer schau'n,
und plaudernd an John Maynard heran
tritt alles: „Wie weit noch, Steuermann?"
Der schaut nach vorn und schaut in die Rund:
„Noch dreißig Minuten ... Halbe Stund."

**3**

Alle Herzen sind froh, alle Herzen sind frei –
da klingt's aus dem Schiffsraum her wie Schrei,
„Feuer!" war es, was da klang,
ein Qualm aus Kajüt und Luke drang,
ein Qualm, dann Flammen lichterloh,
und noch zwanzig Minuten bis Buffalo.

**4**

Und die Passagiere, bunt gemengt,
am Bugspriet stehn sie zusammengedrängt,
am Bugspriet vorn ist noch Luft und Licht,
am Steuer aber lagert sich's dicht,
und ein Jammern wird laut: „Wo sind wir? Wo?"
Und noch fünfzehn Minuten bis Buffalo.

**5**

Der Zugwind wächst, doch die Qualmwolke steht,
der Kapitän nach dem Steuer späht,
er sieht nicht mehr seinen Steuermann,
aber durchs Sprachrohr fragt er an:
„Noch da, John Maynard?"
„Ja, Herr. Ich bin."
„Auf den Strand! In die Brandung!"
„Ich halte drauf hin."
Und das Schiffsvolk jubelt: „Halt aus! Hallo!"
Und noch zehn Minuten bis Buffalo.

**6**

„Noch da, John Maynard?" Und Antwort schallt's
mit ersterbender Stimme: „Ja, Herr, ich halt's!"
Und in die Brandung, was Klippe, was Stein,
jagt er die „Schwalbe" mitten hinein.
Soll Rettung kommen, so kommt sie nur so.
Rettung: der Strand von Buffalo!

**7**

Das Schiff geborsten. Das Feuer verschwelt.
Gerettet alle. Nur *einer* fehlt!

**8**

Alle Glocken gehn; ihre Töne schwell'n
himmelan aus Kirchen und Kapell'n,
ein Klingen und Läuten, sonst schweigt die Stadt,
*ein* Dienst nur, den sie heute hat:
Zehntausend folgen oder mehr,
und kein Aug' im Zuge, das tränenleer.

**9**

Sie lassen den Sarg in Blumen hinab,
mit Blumen schließen sie das Grab,
und mit goldner Schrift in den Marmorstein
schreibt die Stadt ihren Dankspruch ein:
„Hier ruht John Maynard! In Qualm und Brand
hielt er das Steuer fest in der Hand,
er hat uns gerettet, er trägt die Kron,
er starb für uns, unsre Liebe sein Lohn.
John Maynard."

*(Theodor Fontane)*

| | |
|---|---|
| **Lernzielkontrolle (A)** | Datum: _____ |
| **Thema: Lyrische Texte – Balladen** | Name: _____ |

❶ Lies die Ballade „John Maynard" von Theodor Fontane.

❷ Ordne die Überschriften den richtigen Strophen zu.

| Strophe | Überschrift |
|---|---|
| | Panik der Passagiere |
| | John Maynard – ein heldenhafter Steuermann |
| | Der Befehl des Kapitäns |
| | Ankunft der Schwalbe |
| | Ausbruch des Feuers |
| | Die Beerdigung |
| | Der Beginn der Reise |
| | Der Steuermann hält den Kurs auf den Strand |
| | Das Grab von John Maynard |

❸ Kreuze richtige Aussagen an.

| | |
|---|---|
| | Der Verfasser der Ballade ist John Maynard. |
| | „Theodor Fontane" ist der Untertitel der Ballade. |
| | In der Ballade geht es um ein Schiffsunglück. |
| | Der Name des Schiffes ist „Schwalbe". |
| | Das Schiff ist auf dem Meer unterwegs. |
| | Das Schiff kann fliegen. |
| | Das Unglück ereignet sich auf dem Weg von Buffalo nach Detroit. |
| | Auf dem Schiff bricht ein Feuer aus. |
| | Die Passagiere bleiben in ihren Kabinen. |
| | Der Steuermann bekommt den Befehl vom Kapitän, das Schiff in die Brandung zu steuern. |
| | Das Schiff wird dabei nicht zerstört. |
| | Alle Passagiere und Besatzungsmitglieder werden gerettet. |

❹ Beantworte die Fragen in ganzen Sätzen.

a) Welche Personen kommen in der Ballade vor?

_____

_____

b) Wo passiert das Ereignis?

_____

_____

| Lernzielkontrolle (A) | Datum: |
|---|---|
| Thema: Lyrische Texte – Balladen | Name: |

c) Was passiert?

d) Was ist die Ursache des Unglücks?

e) Wie reagieren die Passagiere und die Besatzungsmitglieder?

f) Welche Folgen hat das Ereignis?

**❺ Richtig oder falsch? Kreuze an.**

| Aussage | richtig | falsch |
|---|---|---|
| Das Wort Ballade leitet sich von dem lateinischen Wort „ballare" (= tanzen) ab. | | |
| Balladen sind wie Märchen aufgebaut. | | |
| Goethe bezeichnete die Ballade als „Ur-Ei" der Dichtung. | | |
| Eine Ballade wirkt wie eine Erzählung (epische Elemente). | | |
| Balladen bestehen aus Strophen. | | |
| Die Strophen einer Ballade bestehen aus Zeilen. | | |
| In einer Ballade kommen Monologe und Dialoge vor (dramatische Elemente). | | |
| Balladen haben die Form von Gedichten (lyrische Elemente). | | |

**❻ Suche in der Ballade zwei dramatische Elemente und schreibe sie auf.**

## Lernzielkontrolle (B)

**Thema: Lyrische Texte – Balladen**

Datum: _____

Name: _____

❶ Lies die Ballade „John Maynard" von Theodor Fontane.

❷ Finde zu den einzelnen Strophen passende Überschriften.

| Strophe | Überschrift |
|---|---|
| 1 | |
| 2 | |
| 3 | |
| 4 | |
| 5 | |
| 6 | |
| 7 | |
| 8 | |
| 9 | |

❸ Beantworte stichpunktartig die W-Fragen zu der Ballade „John Maynard".

_____
_____
_____
_____
_____
_____
_____
_____
_____
_____
_____
_____
_____
_____

7. Klasse

| Lernzielkontrolle (B) | Datum: _____ |
|---|---|
| Thema: Lyrische Texte – Balladen | Name: _____ |

❹ Erkläre in deinen eigenen Worten die Bedeutung der folgenden Verse.

a) „Die ‚Schwalbe' fliegt über den Eriesee."

_____

_____

_____

b) „Gischt schäumt um den Bug wie Flocken von Schnee."

_____

_____

_____

❺ Richtig oder falsch? Kreuze an.

| Aussage | richtig | falsch |
|---|---|---|
| Das Wort Ballade leitet sich von dem lateinischen Wort „ballare" (= tanzen) ab. | | |
| Balladen sind wie Märchen aufgebaut. | | |
| Balladen gibt es seit der Neuzeit. | | |
| Goethe bezeichnete die Ballade als „Ur-Ei" der Dichtung. | | |
| Eine Ballade weist epische Elemente auf. | | |
| Dramatische Elemente kommen in einer Ballade nicht vor. | | |
| Monologe sind ein dramatisches Element. | | |
| In einer Ballade kommen keine Dialoge vor. | | |
| Zu den epischen Elementen gehören Strophen, Versform und Reime. | | |
| Balladen sind Erzählgedichte. | | |
| Lyrische Elemente sind ein Merkmal von Balladen. | | |

❻ Finde jeweils ein episches, lyrisches und dramatisches Element in der Ballade „John Maynard". Belege mit Zitaten, Beispielen oder Erläuterungen.

_____

_____

_____

**Lernzielkontrolle (A)**

**Thema: Groß- und Kleinschreibung**

Datum: _____

Name: _____

❶ Nenne zwei Regeln zur Großschreibung von Wörtern.

- _____

- _____

❷ Kreuze die richtigen Aussagen zur Groß- und Kleinschreibung an.

a)
| | |
|---|---|
| Nominalisierte Verben werden kleingeschrieben. | |
| Verben werden großgeschrieben. | |
| Adjektive werden kleingeschrieben. | |
| Nominalisierte Adjektive werden großgeschrieben. | |
| Vor nominalisierten Verben und Adjektiven stehen Signalwörter. | |

b) Nenne vier Signalwörter, die vor nominalisierten Verben oder nominalisierten Adjektiven stehen.

- _____      - _____

- _____      - _____

❸ Schreibe den folgenden Text in richtiger Groß- und Kleinschreibung auf ein extra Blatt.

SPANNENDE SPORTSPIELE

BEIM LAUFEN, SCHWIMMEN UND RADFAHREN SOLL SICH DAS TRAINIEREN DER LETZTEN MONATE AUSZAHLEN. DAS ALLERSCHWERSTE IST HEUTE DIE HITZE. BEREITS MORGENS SIND ES 20 GRAD. DENNOCH BIETEN DIE WETTKÄMPFE ALLERLEI SPANNENDES. DIE RICHTIGE EINTEILUNG DER KRÄFTE IST WICHTIGER ALS SCHNELLES SPURTEN. SO WAR DER LANGSAMSTE AM ENDE DER ERSTE LÄUFER IM ZIEL. DAS SCHWIMMEN GEHT IN DIE ARMMUSKULATUR. AN DIESEM MITTWOCH IST DAS ÜBERRASCHENDSTE, DASS LENA ALS ERSTE DAS SCHWIMMBECKEN VERLÄSST. BEIM ÜBEN WAR IHRE LEISTUNG EIN STÄNDIGES AUF UND AB. DOCH NUN DENKT SIE NUR ANS GEWINNEN. ÄHNLICH WIE BEI DEN OLYMPISCHEN SPIELEN STEHEN GEMEINSCHAFT, UNTERHALTUNG SOWIE DIE BERÜCKSICHTIGUNG DER SPIELREGELN IM VORDERGRUND.

❹ Begründe, weshalb die unterstrichenen Wörter großgeschrieben werden.

a) Wir thematisieren in unserer Projektwoche den Zweiten Weltkrieg.

Begründung: _____

_____

| Lernzielkontrolle (A) | Datum: _____ |
|---|---|
| Thema: Groß- und Kleinschreibung | Name: _____ |

b) Musik zu machen ist etwas <u>Wunderbares</u>.

Begründung: _____
_____
_____

c) Beim <u>Rennen</u> hat sie ihren Schuh verloren.

Begründung: _____
_____
_____

**❺** Welche Sätze sind richtig geschrieben? Kreuze an.

○ Als Maria eines morgens aufwachte, war alles ganz anders.
○ Als maria eines Morgens aufwachte, war alles ganz anders.
○ Als Maria eines Morgens aufwachte, war alles ganz anders.

○ Olaf ist angst und bange.
○ Olaf ist Angst und Bange.
○ Olaf ist angst und Bange.

| Lernzielkontrolle (B) | Datum: _____ |
| --- | --- |
| Thema: Groß- und Kleinschreibung | Name: _____ |

**❶** Nenne drei Regeln zur Großschreibung von Wörtern.

- _____
- _____
- _____

**❷** Nominalisierte Verben und Adjektive

a) Nenne jeweils zwei Signalwörter, die vor nominalisierten Adjektiven und nominalisierten Verben stehen.

*Vor nominalisierten Adjektiven:*

- _____
- _____

*Vor nominalisierten Verben:*

- _____
- _____

b) Gib jeweils einen passenden Beispielsatz für ein nominalisiertes Verb und ein nominalisiertes Adjektiv.

|   |   |
| --- | --- |
|   |   |

**❸** Schreibe die folgenden Sätze in richtiger Groß- und Kleinschreibung auf ein extra Blatt.

SPANNENDE SPORTSPIELE

AM FRÜHEN MORGEN GIBT ES EINE LETZTE VERSAMMLUNG ALLER SPORTBEGEISTERTEN KLASSEN. BEIM LAUFEN, SCHWIMMEN UND RADFAHREN SOLL SICH DAS TRAINIEREN DER LETZTEN MONATE AUSZAHLEN. DAS ALLERSCHWERSTE IST HEUTE DIE HITZE. BEREITS MORGENS SIND ES 20 GRAD. DENNOCH BIETEN DIE WETTKÄMPFE ALLERLEI SPANNENDES. DIE RICHTIGE EINTEILUNG DER KRÄFTE IST WICHTIGER ALS SCHNELLES SPURTEN. SO WAR DER LANGSAMSTE AM ENDE DER ERSTE LÄUFER IM ZIEL. DAS SCHWIMMEN GEHT IN DIE ARMMUSKULATUR. AN DIESEM MITTWOCH IST DAS ÜBERRASCHENDSTE, DASS LENA ALS ERSTE DAS SCHWIMMBECKEN VERLÄSST. BEIM ÜBEN WAR IHRE LEISTUNG EIN STÄNDIGES AUF UND AB. DOCH NUN DENKT SIE NUR ANS GEWINNEN. ÄHNLICH WIE BEI DEN OLYMPISCHEN SPIELEN STEHEN GEMEINSCHAFT, UNTERHALTUNG SOWIE DIE BERÜCKSICHTIGUNG DER SPIELREGELN IM VORDERGRUND. DER WETTKAMPF IST VOM ALLERFEINSTEN. DAS RADFAHREN BIETET EINEN SPANNENDEN HÖHEPUNKT. WELCHE LEISTUNGEN WAREN AM ENDE DES TAGES AM ERFOLGREICHSTEN?

**Lernzielkontrolle (B)**

**Thema: Groß- und Kleinschreibung**

Datum: _____

Name: _____

❹ **Erkläre die richtige Schreibweise der unterstrichenen Wörter.**

a) Wir thematisieren in unserer Projektwoche den ZWEITEN WELTKRIEG.

| ○ wird großgeschrieben, weil | ○ wird kleingeschrieben, weil |
|---|---|
| | |

b) Musik zu machen ist etwas WUNDERBARES.

| ○ wird großgeschrieben, weil | ○ wird kleingeschrieben, weil |
|---|---|
| | |

c) Beim RENNEN hat sie ihren Schuh verloren.

| ○ wird großgeschrieben, weil | ○ wird kleingeschrieben, weil |
|---|---|
| | |

d) Als Maria eines MORGENS aufwachte, war alles ganz anders.

| ○ wird großgeschrieben, weil | ○ wird kleingeschrieben, weil |
|---|---|
| | |

e) Olaf ist ANGST und BANGE.

| ○ wird großgeschrieben, weil | ○ wird kleingeschrieben, weil |
|---|---|
| | |

**Lernzielkontrolle (A)**  
**Thema: Lange Vokale**

Datum: _____  
Name: _____

**❶ Setze richtig ein: i – ieh – h – ie – ih**

Nach langem **a, e, o, u** folgt machmal ein _____.

Das lange **i** wird in der Regel als _____ geschrieben.

Das lange **i** wird nur in den Pronomen als _____ geschrieben.

Wörter mit _____ kommen besonders selten vor.

In Fremdwörtern wird das lange **i** meistens als _____ geschrieben.

**❷ Entscheide, ob folgende Wörter mit oder ohne Dehnungs-h geschrieben werden. Setze ein.**

| F___ne (a/ah) | H___f (o/oh) | S___ne (a/ah) | Bl___me (u/uh) | S___ne (e/eh) |
|---|---|---|---|---|
| M___gen (a/ah) | Z___g (u/uh) | L___ber (e/eh) | M___n (o/oh) | M___t (u/uh) |

**❸ Setze ein: i oder ie?**

| F___ber | R___siko | R___senrad | fl___gen | G___ftzwerg |
|---|---|---|---|---|
| K___sel | Sch___dsrichter | G___ps | N___belungenl___d | R___lle |

**❹ Ergänze die Lücken richtig.**

S___(i/ie) g___ßt (i/ie) für ___ren (i/ih) Nachbarn die s___ben (i/ie) Pflanzen ___n (i/ie) seiner D___le (i/ie).

Die Kinder besuchen das M___ndenkmal (a/ah) zum ersten M___l (a/ah).

Der Kaff___(e/ee) schmeckt ___m (i/ih) besonders g___t (u/uh).

V___le (i/ie) Schüler bl___ben (i/ie) wegen des R___gens (e/eh) unter dem Dach auf dem H___f (o/oh).

# Lernzielkontrolle (B)
## Thema: Lange Vokale

Datum: _____

Name: _____

**❶ Richtig oder falsch? Kreuze an.**

| Aussage | richtig | falsch |
|---|---|---|
| Nach langem **a, e, o, u** folgt immer ein **h**. | | |
| Lange Vokale werden nie verdoppelt. | | |
| Oft sind die langen Vokale gar nicht besonders gekennzeichnet. | | |
| Das lange **i** wird in der Regel als **ie** geschrieben | | |
| Das lange **i** wird nie als **ieh** geschrieben. | | |
| Wörter mit **ieh** kommen besonders selten vor. | | |
| In Fremdwörtern wird das lange **i** meistens als **ie** geschrieben. | | |
| Das lange **i** wird nur in den Pronomen als **ih** geschrieben. | | |
| Die langen Vokale **a, e, o** können auch als Doppelvokal geschrieben werden. | | |

**❷ Entscheide, ob folgende Wörter mit oder ohne Dehnungs-h geschrieben werden.**

| F___ne | H___f | S___ne | Bl___me | S___ne |
|---|---|---|---|---|
| M___gen | Z___g | L___ber | M___n | M___t |

**❸ Setze ein: i, ie, ih oder ieh?**

| F___ber | ___rem | V___züchter | fl___gen | G___ftzwerg |
|---|---|---|---|---|
| K___sel | Sch___dsrichter | G___ps | N___belungenl___d | R___lle |

**❹ Fülle die Lücken richtig aus.**

S___ g___ßt für ___ren Nachbarn die s___ben Pflanzen ___n seiner D___le.

Die Kinder besuchen das M___ndenkmal zum ersten M___l.

Der Kaff___ schmeckt ___m besonders g___t.

V___le Schüler bl___ben wegen des R___gens unter dem Dach auf dem H___f.

**Lernzielkontrolle (A)**  Datum: _____

**Thema: Ableiten und Verlängern**  Name: _____

❶ **Kreuze die richtigen Aussagen an.**

○ Um herauszufinden, ob man ä oder e schreibt, sucht man ein verwandtes Wort mit a oder e.
○ Verwandte Wörter zeigen dir, ob du ä/e oder äu/eu schreibst.
○ Alle Wörter können durch Ableiten erklärt werden.
○ Für manche Wörter gibt es keine Ableitung, man muss sie lernen.
○ Nur sehr wenige Wörter werden mit ai geschrieben, du musst sie dir merken.

❷ **Setze die passenden Wörter ein.**

a) Ich bewerbe mich auf Ihre ausgeschriebene _____ (Stelle/Ställe).

b) Als eine _____ (Wende/Wände) der deutschen Geschichte wird der Mauerfall bezeichnet.

c) Die Europäische _____ (Lerche/Lärche) war der Baum des Jahres 2012.

d) _____ (Heute/Häute) sind nach wie vor die Grundlage für Lederhandtaschen.

❸ **Setze die passenden Buchstaben ein: a/e/ä/au/eu/äu**

B___renst___rke Abent___er

W___hrend des Sommerurl___bs kl___ttern Einh___mische nach l___ckeren Kokosnüssen und die

Touristen f___lenzen in H___ngematten unter den Palmen. Eine Nuss f___llt abw___rts und trifft ein

M___dchen am Knie. Es gibt viele exotische Gew___chse in fernen L___ndern. In Gew___ssern lauern

viele Gefahren, besonders in der D___mmerung. Aber auch die Urlauber sind für die Umw___lt

gef___hrlich. L___rm und Müll sind sehr sch___dlich. Jeder tr___gt Verantwortung. Trotzdem muss man

nicht ___ngstlich in die Zukunft blicken. Allerdings sollten wir nicht nur von einer gesunden Welt

tr___men, sondern dafür auch k___mpfen.

❹ **Auf der Suche nach Wörtern mit ai.**

a) Woraus wird Popcorn gemacht? _____.

b) Kinder, die keine Eltern mehr haben, sind _____.

c) Früher gab es auch in Deutschland K_____ und Könige.

d) Ein Raubfisch mit drei Buchstaben, der im Meer lebt: _____.

e) Ein Monat mit ai: _____.

| Lernzielkontrolle (B) | Datum: _____ |
|---|---|
| Thema: Ableiten und Verlängern | Name: _____ |

**❶** Erkläre, was du tust, wenn du dir unsicher bist, ob ein Wort mit a/e bzw. äu/eu geschrieben wird.

_____

_____

**❷** Unterscheidung ähnlich klingender Wörter

  a) Setze die Wörter aus dem Kasten in die passenden Sätze ein.

> Stelle – Ställe, Wände – Wende, Lärche – Lerche, heute – Häute, läuten – Leuten

  ○ Ich bewerbe mich auf Ihre ausgeschriebene _____ und bringe Erfahrung im _____ ausmisten mit, denn ich habe ein eigenes Pferd.

  ○ Als eine _____ der deutschen Geschichte wird der Mauerfall bezeichnet.

  ○ Die Europäische _____ war der Baum des Jahres 2012.

  ○ _____ sind nach wie vor die Grundlage für Lederhandtaschen.

  ○ Das _____ der Kirchenglocke war früher sehr anstrengend.

  b) Bilde aus den übrigen Wörtern selbst ausgedachte Sätze.

**❸** Setze die passenden Buchstaben ein: a/e/ä/au/eu/äu

B___renst___rke Abent___er

W___hrend des Sommerurl___bs kl___ttern Einh___mische nach l___ckeren Kokosnüssen und die Touristen f___lenzen in H___ngematten unter den Palmen. Eine Nuss f___llt abw___rts und trifft ein M___dchen am Knie. Aus Gr___sern und Kr___tern wird ein Verband erst___llt. Es gibt viele exotische Gew___chse in fernen L___ndern. In Gew___ssern lauern viele Gefahren, besonders in der D___mmerung. Aber auch die Urlauber sind für die Umw___lt gef___hrlich. L___rm und Müll sind sehr sch___dlich. Jeder tr___gt Verantwortung. Trotzdem muss man nicht ___ngstlich in die Zukunft blicken.

**❹** Auf der Suche nach Wörtern mit ai.

  a) Woraus wird Popcorn gemacht? _____.

  b) Kinder, die keine Eltern mehr haben, sind _____.

  c) Früher gab es auch in Deutschland K_____ und Könige.

  d) Ein Raubfisch mit drei Buchstaben, der im Meer lebt: _____.

  e) Gegenteil von Experte: _____.

**❺** Erkläre die drei Wörter in eigenen Worten. Schreibe auf ein extra Blatt.

  a) Saite    b) Seite    c) Seide

| Lernzielkontrolle (A) | Datum: _____ |
|---|---|
| Thema: Wortarten – Pronomen und Adverbien | Name: _____ |

**❶ Kreuze die richtigen Aussagen an.**

○ Pronomen gehören zu den Wortarten.
○ Pronomen sind Stellvertreter für Adjektive.
○ Pronomen vertreten Nomen.
○ Es gibt zwei Arten von Pronomen.

**❷ Ordne die Beispiele den richtigen Pronomen zu. Trage dazu die jeweilige Nummer des Pronomens vor dem Beispiel ein.**

| 1 | Personalpronomen | | wer, was, welche/-r ... |
|---|---|---|---|
| 2 | Possessivpronomen | | der, die, das ... |
| 3 | Demonstrativpronomen | | diese, der, dasjenige ... |
| 4 | Relativpronomen | | mein, dein, sein ... |
| 5 | Indefinitpronomen | | mich, dich ... |
| 6 | Reflexivpronomen | | jeder, man, jemand ... |
| 7 | Interrogativpronomen | | ich, du, er ... |

**❸ Ergänze in den Lücken die fehlenden Pronomen. Das Bezugswort ist unterstrichen.**

Ich verleihe mein Buch, _____ neu ist, nur ungern.

Der Junge schenkt seiner Freundin eine Rose. _____ hat _____ im Blumenladen um die Ecke gekauft.

Die Hundetrainerin startet einen zweiten Kurs, _____ gut besucht sein wird, da _____ einen guten Ruf hat.

Manuel hat Susanne nach der Schule ein Eis versprochen, _____ möchte _____ _____ schenken.

**❹ Ersetze die unterstrichenen Wiederholungen durch Pronomen.**

Beim Umzug treffen Karsten und Sabine frühere Nachbarn. Die früheren Nachbarn erkennen Karsten und Sabine nicht sofort. Beim Essen kommen alle Umzugshelfer dann ins Gespräch. Das Gespräch verläuft sehr lustig. Frauke, die frühere Nachbarin, unterhält die gesamte Umzugsmannschaft mit ihren Anekdoten. Frauke steht damit im Mittelpunkt. Wie früher gibt Fraukes Mann den Umzugshelfern gute Ratschläge. Die Ratschläge werden von den Umzugshelfern aber mehr oder weniger ignoriert.

**Lernzielkontrolle (A)**

**Thema: Wortarten – Pronomen und Adverbien**

Datum: _____

Name: _____

_____
_____
_____
_____
_____

**❺ Kreuze die richtigen Aussagen an.**

- ○ Adverbien sind Umstandswörter, die **unflektierbar** sind.
- ○ Modale Adverbien sind u. a. **hier, draußen, oben**.
- ○ Kausale Adverbien sind u. a. **deshalb, nämlich, darum**.
- ○ Es gibt keine lokalen Adverbien.
- ○ Temporale Adverbien sind u. a. **gern, leider, sehr**.

**❻ Ergänze die Sätze mit folgenden Adverbien:**

**deshalb, hier, abends, oben, nur, ziemlich, heute, draußen, inzwischen**

a) Die Hütte von unserem Wachhund steht _____.

b) _____ muss ich _____ pünktlich zu Hause sein.

c) _____ ungern erzähle ich von meiner Vergangenheit.

d) Die Süßigkeiten liegen _____ auf dem Regal.

e) Mein Bruder geht _____ früh ins Bett, _____ ist er so fit.

f) _____ haben wir uns _____ eingelebt.

**Lernzielkontrolle (B)**

**Thema: Wortarten – Pronomen und Adverbien**

Datum: _____

Name: _____

**❶ Erkläre, was ein Pronomen ist.**

_____

_____

**❷ Ergänze die Tabelle mit einem Beispiel bzw. der Art des Pronomens.**

| Art des Pronomens | Beispiel |
|---|---|
|  | ich, du, er, … |
| Possessivpronomen |  |
|  | diese, der, dasjenige, … |
|  | der, die, das, … |
| Indefinitpronomen |  |
|  | mich, dich, … |
| Interrogativpronomen |  |

**❸ Ergänze die fehlenden Pronomen. Unterstreiche das Bezugswort.**

Ich verleihe mein Buch, _____ neu ist, nur ungern.

Der Junge schenkt seiner Freundin eine Rose. _____ hat _____ im Blumenladen um die Ecke gekauft.

Die Hundetrainerin startet einen zweiten Kurs, _____ gut besucht sein wird, da _____ einen guten Ruf hat.

Manuel hat Susanne nach der Schule ein Eis versprochen, _____ möchte _____ _____ schenken.

**❹ Ersetze Wiederholungen durch Pronomen.**

Beim Umzug treffen Karsten und Sabine frühere Nachbarn. Die früheren Nachbarn erkennen Karsten und Sabine nicht sofort. Beim Essen kommen alle Umzugshelfer dann ins Gespräch. Das Gespräch verläuft sehr lustig. Frauke, die frühere Nachbarin, unterhält die gesamte Umzugsmannschaft mit ihren Anekdoten. Frauke steht damit im Mittelpunkt. Wie früher gibt Fraukes Mann den Umzugshelfern gute Ratschläge. Die Ratschläge werden von den Umzugshelfern aber mehr oder weniger ignoriert.

_____

_____

_____

| Lernzielkontrolle (B) | Datum: _____ |
|---|---|
| Thema: Wortarten – Pronomen und Adverbien | Name: _____ |

_____
_____
_____
_____
_____
_____
_____

**❺** Erkläre, was Adverbien sind.

_____
_____

**❻** Ergänze Beispiele.

| temporale Adverbien | |
|---|---|
| kausale Adverbien | |
| lokale Adverbien | |
| modale Adverbien | |

**❼** Ergänze die Sätze mit sinnvollen Adverbien.

a) Die Hütte von unserem Wachhund steht _____.

b) _____ muss ich _____ pünktlich zu Hause sein.

c) Ich muss mich _____ im Verein abmelden.

d) _____ ungern erzähle ich von meiner Vergangenheit.

e) Die Süßigkeiten liegen _____ auf dem Regal.

f) Mein Bruder geht _____ früh ins Bett, _____ ist er so fit.

g) Mein Vater hatte _____ unter der Arbeitslosigkeit gelitten.

h) _____ haben wir uns _____ eingelebt. _____

# Lernzielkontrolle (A)
## Thema: Indirekte Rede

Datum: _____
Name: _____

**❶ Kreuze die richtigen Aussagen an.**

○ Bei der indirekten Rede wird grundsätzlich der Konjunktiv II eingesetzt.

○ Stimmt der Konjunktiv I mit dem Indikativ überein, so ist der Konjunktiv II oder die Ersatzform mit „würde" + Infinitiv einzusetzen.

○ Bei der Umwandlung von direkter und indirekter Rede ändern sich die Pronomen.

○ Der Imperativ wird mit „mögen" oder „sollen" ausgedrückt.

○ Fragen der direkten Rede ohne Fragewort werden in der indirekten Rede mit dem Wort „warum" eingeleitet.

○ Fragen der direkten Rede mit Fragewort werden in der indirekten Rede mit dem Wort „ob" eingeleitet.

**❷ Forme die direkte in die indirekte Rede um.**

a) Manu sagt, _____

b) Erwin meint, _____

c) Tina erzählt, _____

d) Lars berichtet, _____

e) Der Lehrer ermahnt den Schüler, _____

f) Eine Schülerin fragt, _____

g) Lars antwortet, _____

**Lernzielkontrolle (B)**

**Thema: Indirekte Rede**

Datum: _____

Name: _____

❶ **Vervollständige die Regeln.**

Bei der indirekten Rede wird grundsätzlich der _____ eingesetzt. Stimmt dieser allerdings mit dem Indikativ überein, so ist der _____ oder die Ersatzform mit „*würde*" einzusetzen.

Bei der Umwandlung von direkter und indirekter Rede ändern sich die _____. Diese werden in der Regel in der 1. und 2. Person der direkten Rede in die _____ Person gesetzt.

Der Imperativ wird mit _____ oder _____ umschrieben.

Fragen der direkten Rede ohne Fragewort werden in der indirekten Rede mit dem Wort _____ eingeleitet.

❷ **Forme die direkte in die indirekte Rede um.**

a) „Sind wir in einer Gruppe?"

Manu fragt, _____

b) „Ich koche die beste Kürbissuppe."

Erwin meint, _____

c) „Meine Eltern laufen jeden Tag 3 km im Wald."

Marie erzählt, _____

d) „Wir haben zu viele Hausaufgaben auf."

Lars antwortet, _____

e) „Ich weiß das doch schon."

Jan wendet ein, _____

f) „Wann gehen wir in den Park?"

Susanne fragt, _____

g) „Räum bitte deinen Platz auf."

Der Lehrer ruft zu Martin, _____

| Lernzielkontrolle (A) | Datum: |
| --- | --- |
| Thema: Der Adverbialsatz | Name: |

**❶ Richtig oder falsch? Kreuze an.**

| Aussage | richtig | falsch |
| --- | --- | --- |
| Adverbiale Bestimmungen kann man in Adverbialsätze umwandeln. | | |
| Aus Adverbialsätzen kann man keine adverbialen Bestimmungen machen. | | |
| Adverbialsätze sind Hauptsätze. | | |
| Adverbialsätze werden immer mit einer Konjunktion eingeleitet. | | |

**❷ Ergänze die Tabelle mit passenden Fragen bzw. Konjunktionen.**

| Bezeichnung | Frage | Konjunktionen |
| --- | --- | --- |
| Temporalsatz | Wann? Seit wann? Wie lange? | |
| Modalsatz | | indem, ohne, dass |
| Konsekutivsatz | Mit welcher Folge? | |
| Kausalsatz | Warum? Aus welchem Grund? | |
| Finalsatz | | damit, um |
| Konditionalsatz | Unter welcher Bedingung? | |
| Konzessivsatz | Trotz welcher Gegengründe? | |

**❸ Unterstreiche die Adverbialsätze und bestimme sie.**

Während wir auf die Lehrerin warteten, machten wir den größten Lärm.

___

Ich räume nur mein Zimmer auf, wenn ich danach noch am Computer spielen darf.

___

Obwohl ich die Vokabeln gelernt hatte, schrieb ich keine gute Note.

___

Meine Schwester kocht sich einen Tee, weil sie Halsschmerzen hat.

___

**❹ Bilde aus den zwei Hauptsätzen ein Satzgefüge mit der in Klammern angegebenen Konjunktion.**

Die Kinder spielen im Wald. Ein Gewitter zieht auf. (obwohl)

___

# Lernzielkontrolle (A)
## Thema: Der Adverbialsatz

Datum: _____

Name: _____

Die Klasse spart Geld. Ihre Abschlussfahrt soll ins Ausland gehen. (weil)

_____

_____

Der Polstersessel wird neu bezogen. Meine Oma kann ihn dann wieder benutzen. (sodass)

_____

_____

**❺ Forme die adverbialen Bestimmungen in Adverbialsätze um.**

Wegen einer Erkältung muss Sabine die Verabredung absagen.

_____

_____

Holger passen durch eine erfolgreiche Diät wieder seine Lieblingskleidungsstücke.

_____

_____

Infolge einer überraschenden Mieterhöhung sucht Familie Banz Rat beim Mieterschutzbund.

_____

_____

Die Ansteckungsgefahr kann durch richtiges Händewaschen verringert werden.

_____

_____

**Lernzielkontrolle (B)**

**Thema: Der Adverbialsatz**

Datum: _____

Name: _____

❶ Ergänze das Regelwissen.

_____ kann man in Adverbialsätze umwandeln. _____

funktioniert die Umwandlung auch. Adverbialsätze treten immer als _____ auf.

Sie beschreiben _____ näher. Sie werden mit einem

_____ vom Hauptsatz getrennt. Eingeleitet wird der Adverbialsatz immer durch

eine _____ .

❷ Ergänze die Tabelle mit passenden Fragen bzw. Konjunktionen.

| Bezeichnung | Frage | Konjunktionen |
| --- | --- | --- |
|  |  | nachdem, als, während, bis |
|  | Auf welche Weise? Wie? | indem, ohne dass |
| Konsekutivsatz | Mit welcher Folge? |  |
|  |  | da, weil |
| Finalsatz |  | damit, um |
|  | Unter welcher Bedingung? |  |
|  | Trotz welcher Gegengründe? | obwohl, obgleich |

❸ Schreibe zu drei Satzbezeichnungen deiner Wahl einen Beispielsatz.

| Name des Adverbialsatzes | Beispielsatz (im Satzgefüge) |
| --- | --- |
|  |  |
|  |  |
|  |  |

❹ Bilde aus den zwei Hauptsätzen ein Satzgefüge mit einer passenden Konjunktion.

Die Kinder spielen im Wald. Ein Gewitter zieht auf.

_____

_____

Die Klasse spart Geld. Ihre Abschlussfahrt soll ins Ausland gehen.

_____

**Lernzielkontrolle (B)**
**Thema: Der Adverbialsatz**

Datum:
Name:

Der Polstersessel wird neu bezogen. Meine Oma kann ihn dann wieder benutzen.

_____
_____

**❺ Forme die adverbialen Bestimmungen in Adverbialsätze um.**

Wegen einer Erkältung muss Sabine die Verabredung absagen.

_____
_____

Holger passen durch eine erfolgreiche Diät wieder seine Lieblingskleidungsstücke.

_____
_____

Infolge einer überraschenden Mieterhöhung sucht Familie Banz Rat beim Mieterschutzbund.

_____
_____

Die Ansteckungsgefahr kann durch richtiges Händewaschen verringert werden.

_____
_____

| Lernzielkontrolle (A) | Datum: |
| --- | --- |
| Thema: Textsortenumwandlung – Perspektivisches Schreiben | Name: |

**❶ Lies den Textausschnitt aufmerksam durch.**

> Sie stand kaugummikauend im Türrahmen. Kaugummis sind hier strengstens verboten! Ihre Haare waren sehr kurz, kurze Stoppeln. Ungleichmäßige blaue Stoppeln. Der Lehrer stellte sie vor. Charlotte. Dieser Name passte irgendwie gar nicht zu ihr. Sie musste sich ausgerechnet neben Oliver setzen. Alle glotzten zu den beiden. Oli rückte seinen Stuhl an den äußersten Rand des Tisches. Er ignorierte sie, aber natürlich war er auch neugierig und blickte ab und zu heimlich zu ihr. Da entdeckte er es. Er war sichtlich überrascht, das hätte er wohl nicht gedacht. Sie hatte tatsächlich ein Mäppchen von seinem Lieblingsverein. In diesem Moment trafen ihn ihre Augen wie Blitze und seine Wangen begannen zu glühen. Daraufhin brach in der letzten Reihe Gelächter aus.

**❷ Schreibe einen inneren Monolog auf Basis dieses Textausschnittes aus der Sicht von Oli oder Charlotte. Fülle dazu zunächst den Stichwortplan aus. Achte dabei auf die Merkmale eines inneren Monologs.**

Stichwortplan:

Ich möchte einen inneren Monolog aus der Sicht von _____ (Oli oder Charlotte) schreiben.

Versetze dich in die Lage deiner ausgewählten Figur und schreibe in Ich-Form **Stichworte** auf:

| Was denken und fühlen Oli oder Charlotte, als Charlotte in die Klasse kommt? | Ich bin gespannt, ... |
| --- | --- |
| | |
| Was denkt und fühlt er oder sie, als Charlotte sich neben Oli setzt und die ganze Klasse sie anschaut? | |
| | |

8. Klasse

**Lernzielkontrolle (A)**　　　　　　　　　　　　　　　Datum: _____

Thema: Textsortenumwandlung – Perspektivisches Schreiben　　Name: _____

---

Was denkt oder fühlt Oli oder Charlotte, als Oli mit seinem Stuhl wegrückt?

---

Was denkt oder fühlt Charlotte oder Oli, als ihr Mäppchen mit dem Lieblingsverein der beiden von Oli angestarrt wird?

---

Was denkt oder fühlt Charlotte oder Oli, als Oli das Mädchen immer wieder heimlich ansieht?

Lernzielkontrolle (B)  Datum: _____

Thema: Textsortenumwandlung – Perspektivisches Schreiben   Name: _____

**❶ Nenne drei Merkmale für einen inneren Monolog.**

- _____
- _____
- _____

**❷ Lies den Textausschnitt aufmerksam durch.**

> Sie stand kaugummikauend im Türrahmen. Kaugummis sind hier strengstens verboten! Ihre Haare waren sehr kurz, kurze Stoppeln. Ungleichmäßige blaue Stoppeln. Der Lehrer stellte sie vor. Charlotte. Dieser Name passte irgendwie gar nicht zu ihr. Sie musste sich ausgerechnet neben Oliver setzen. Alle glotzten zu den beiden. Oli rückte seinen Stuhl an den äußersten Rand des Tisches. Er ignorierte sie, aber natürlich war er auch neugierig und blickte ab und zu heimlich zu ihr. Da entdeckte er es. Er war sichtlich überrascht, das hätte er wohl nicht gedacht. Sie hatte tatsächlich ein Mäppchen von seinem Lieblingsverein. In diesem Moment trafen ihn ihre Augen wie Blitze und seine Wangen begannen zu glühen. Daraufhin brach in der letzten Reihe Gelächter aus.

**❸ Aus der Sicht von Oli oder Charlotte schreiben**

a) Mache dir zunächst einen kurzen Stichwortplan für deinen inneren Monolog. Berücksichtige dabei auch Gedanken und Gefühle.

b) Schreibe einen inneren Monolog auf Basis dieses Textausschnittes aus der Sicht von Oli oder Charlotte.

Achte dabei auf die Merkmale eines inneren Monologs.

# Lernzielkontrolle (A)
## Thema: Argumentation

Datum: _____
Name: _____

**❶** Unterstreiche in der folgenden Stellungnahme mindestens zwei Argumente.

**❷** Setze in die folgende Stellungnahme die passenden Satzverknüpfungen ein.

### Facebook erst ab 13!

Internetzugang ist heute fast überall möglich – PC, Notebook, Spielekonsolen, Fernseher, Smartphones und Tablets bieten uns unterwegs und zu Hause Zugang zum Netz. Die Facebook-Nutzer werden immer jünger! Über ein Drittel der unter 10-jährigen Kinder hat schon ein Profil auf Facebook. Obwohl sich Forscher sicher sind, dass zu frühes Surfen die Entwicklung von Kindern stören kann, greifen Eltern nicht ein. Außerdem besteht in allen sozialen Netzwerken die Gefahr, so auch auf Facebook, online gemobbt zu werden. Wissenschaftliche Studien belegen, dass besonders Internetplattformen wie Facebook den Menschen Freiräume ohne Grenzen bieten und zu heftigem, andauerndem und oftmals anonymem Mobbing führen. Eltern, Lehrer und Betroffene stehen diesem Problem oftmals hilflos gegenüber. Zwar gibt es keine Garantie, dass das unter Erwachsenen nicht auch passieren kann, aber als Kind oder Jugendlicher ist man in dieser Situation besonders verunsichert und weiß sich nicht zu helfen. Eigentlich ist die Anmeldung auf Facebook erst ab 13 Jahren möglich, jedoch werden die Altersangaben nur sehr oberflächlich überprüft. Die Altersgrenze ist sinnvoll, denn jüngere Kinder tun sich schwer, verantwortungsvoll mit ihren privaten Daten umzugehen. Medienberichte der letzten Jahre zeigen, dass Facebook für Massenpartys missbraucht wurde. Die Grenzen wurden dabei so überschritten, dass es zu Polizeieinsätzen kam, weil die Jugendlichen nicht verstanden, dass Einladungen mit Privatadresse nicht ins Internet gehören.

„Vielen Jugendlichen ist es wichtig, möglichst viele Freunde in ihrem Profil auf Facebook zu haben, _____ das cool ist. Man vertraut seinen Onlinefreunden sein ganzes Leben an, _____ sie fremd sind. Das finde ich gruselig, _____ auch gefährlich.
Niemand weiß, wer bei den Onlinefreunden tatsächlich am Computer sitzt, _____.
Experten vor dieser unterschätzten Gefahr immer wieder warnen. _____ dürfen Internet und Facebook nicht nur negativ bewertet werden, _____ beide haben auch Vorteile."

**❸** Ergänze in dieser Mindmap Argumente (aus dem Text und deine eigenen), weshalb „Facebook ab 13 Jahren sinnvoll" ist.

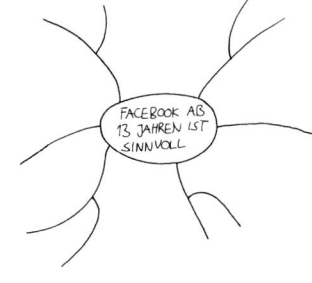

**❹** Schreibe nun mithilfe deiner gesammelten Argumente aus der Mindmap eine schlüssige Argumentation auf ein extra Blatt.

**Lernzielkontrolle (B)**

**Thema: Argumentation**

Datum: _____

Name: _____

❶ Unterstreiche in der folgenden Stellungnahme mindestens zwei Argumente.

---

Facebook erst ab 13!

Internetzugang ist heute fast überall möglich – PC, Notebook, Spielekonsolen, Fernseher, Smartphones und Tablets bieten uns unterwegs und zu Hause Zugang zum Netz. Die Facebook-Nutzer werden immer jünger! Über ein Drittel der unter 10-jährigen Kinder hat schon ein Profil auf Facebook. Obwohl sich Forscher sicher sind, dass zu frühes Surfen die Entwicklung von Kindern stören kann, greifen Eltern nicht ein. Außerdem besteht in allen sozialen Netzwerken die Gefahr, so auch auf Facebook, online gemobbt zu werden. Wissenschaftliche Studien belegen, dass besonders Internetplattformen wie Facebook den Menschen Freiräume ohne Grenzen bieten und zu heftigem, andauerndem und oftmals anonymem Mobbing führen.

Eltern, Lehrer und Betroffene stehen diesem Problem oftmals hilflos gegenüber. Zwar gibt es keine Garantie, dass das unter Erwachsenen nicht auch passieren kann, aber als Kind oder Jugendlicher ist man in dieser Situation besonders verunsichert und weiß sich nicht zu helfen. Eigentlich ist die Anmeldung auf Facebook erst ab 13 Jahren möglich, jedoch werden die Altersangaben nur sehr oberflächlich überprüft. Die Altersgrenze ist sinnvoll, denn jüngere Kinder tun sich schwer, verantwortungsvoll mit ihren privaten Daten umzugehen. Medienberichte der letzten Jahre zeigen, dass Facebook für Massenpartys missbraucht wurde. Die Grenzen wurden dabei so überschritten, dass es zu Polizeieinsätzen kam, weil die Jugendlichen nicht verstanden, dass Einladungen mit Privatadresse nicht ins Internet gehören.

---

❷ Streiche die falsch gewählten Verknüpfungen durch und verbessere sie.

„Vielen Jugendlichen ist es wichtig, möglichst viele Freunde in ihrem Profil auf Facebook zu haben, dadurch das cool ist. Man vertraut seinen Onlinefreunden sein ganzes Leben an, damit sie fremd sind. Das finde ich gruselig, obwohl auch gefährlich. Niemand weiß, wer bei den Onlinefreunden tatsächlich am Computer sitzt, zudem warnen Experten vor dieser unterschätzten Gefahr."

❸ Finde in einem Stichwortplan Argumente zu dem Thema „Facebook ab 13 Jahren ist sinnvoll!" und schreibe dazu eine schlüssige Argumentation auf ein extra Blatt.

# Lernzielkontrolle (A)
## Thema: Bewerbungsschreiben

Datum: _____
Name: _____

**❶ Lies zunächst Tines Bewerbung um einen Praktikumsplatz als Tierpflegerin.**

**❷ Finde und markiere formale, sprachliche sowie inhaltliche Fehler.**

---

Tine Baumeister
Rüsselstraße

71435 Stockhausen
Tel.: 03465 – 54321
martina.baumeister@web.de


Hasselberg Zoo
Waldstraße
71435 Stockhausen


Bewerbung an Herrn Sulma


Lieber Herr Sulma,                                    2. April 2015


ich bin Tine aus Stockhausen. Ich möchte bei Ihnen gerne mein Praktikum machen. Dieses findet in der Zeit vom 10.–28. November statt. Geht das bei Ihnen? Ich bin 13 Jahre alt und mag die Fächer Sport und Kunst.

Ich finde Tiere ganz toll. Ich verbringe viel Zeit mit meinem Hund und lese gerne Bücher über Tiere. Deshalb kenne ich mich mit Tieren ganz gut aus. Als Kind war ich oft im Hasselberger Zoo und jetzt möchte ich mein Praktikum dort machen. Ich bin Klassensprecherin und setze mich gerne für andere ein. Ich werde von den Lehrern deshalb viel gelobt. Leider komme ich manchmal zu spät zur Schule, weil ich abends noch so lange lese und dadurch zu spät schlafe.

Ich hoffe so sehr, dass ich mein Praktikum bei Ihnen machen kann. Bitte melden Sie sich!!!

Bis bald

Ihre Tine

---

**❸ Lies die Zusatzinformationen und unterstreiche, welche wichtig für das Bewerbungsschreiben sind.**

<u>Der Hasselberger Zoo</u>
Der Zoo liegt am Rande von Stockhausen (Postleitzahl: 71435). Er ist gut mit öffentlichen Verkehrsmitteln zu erreichen. Die Linie 50 hält in der <u>Waldstraße</u>. Der Eingang befindet sich an der Hausnummer 10. Die Zoodirektorin heißt Frau Sang. Für die Einstellung von Praktikanten/Praktikantinnen ist Herr Sulma zuständig. Der Eintrittspreis für Erwachsene beträgt 8,– € und für Kinder 5,– €. Es gibt auch Jahreskarten zu erwerben. Der Zoo bietet verschiedene pädagogische Angebote an, die Besucher buchen können (z. B. eine Zoorallye, Zooführungen für Gruppen, Nachtführungen).

| Lernzielkontrolle (A) | Datum: _____ |
|---|---|
| **Thema: Bewerbungsschreiben** | Name: _____ |

Martina Baumeister
E-Mail: martina.baumeister@web.de
Tel.: 03465 – 54321

Martinas Spitzname ist Tine. Sie ist 13 Jahre alt und lebt zusammen mit ihrer Familie in der Rüsselstraße 4a in Stockhausen. Sie besucht die 8. Klasse des Realschulzweiges der Gesamtschule von Stockhausen. Vom 10. bis 28. November findet das erste Betriebspraktikum statt. Sie liebt die Fächer Sport und Kunst. Große Schwierigkeiten bereiten ihr die Fächer Deutsch und Englisch. Sie möchte nach dem Realschulabschluss gerne eine weiterführende Schule besuchen und das Abitur absolvieren. Die Lehrer loben ihre Verlässlichkeit sowie ihre Teamfähigkeit. Sie übernimmt auch gern Verantwortung und übt zurzeit das Amt der Klassensprecherin aus. An ihrer Pünktlichkeit muss sie noch arbeiten. Sie kommt manchmal morgens zu spät in die Schule. In ihrer Freizeit liest sie viele Sachbücher über Tiere, geht gerne mit Freundinnen ins Kino und arbeitet ehrenamtlich im Tierheim von Stockhausen. Sie selbst hat einen Hund als Haustier, mit dem sie einmal die Woche in die Hundeschule geht. Ihr Berufswunsch ist Tierpflegerin, deshalb möchte sie die Aufgabenbereiche dieses Berufes durch das Praktikum näher kennenlernen.

**❹** Überarbeite mit den ausgewählten Informationen das Bewerbungsschreiben. Verwende hierfür die Vorlage. Beachte die inhaltlichen sowie formalen Kriterien einer Bewerbung.

**Lernzielkontrolle (B)**

**Thema: Bewerbungsschreiben**

Datum: _____

Name: _____

**❶ Lies die Informationen und unterstreiche, welche wichtig für das Bewerbungsschreiben sind.**

Der Hasselberger Zoo
Der Zoo liegt am Rande von Stockhausen (Postleitzahl: 71435). Er ist gut mit öffentlichen Verkehrsmitteln zu erreichen. Die Linie 50 hält in der Waldstraße. Der Eingang befindet sich an der Hausnummer 10. Die Zoodirektorin heißt Frau Sang. Für die Einstellung von Praktikanten/Praktikantinnen ist Herr Sulma zuständig. Der Eintrittspreis für Erwachsene beträgt 8,– € und für Kinder 5,– €. Es gibt auch Jahreskarten zu erwerben. Der Zoo bietet verschiedene pädagogische Angebote an, die Besucher buchen können (z. B. eine Zoorallye, Zooführungen für Gruppen, Nachtführungen).

Martina Baumeister
E-Mail: martina.baumeister@web.de
Tel.: 03465 – 54321
Martinas Spitzname ist Tine. Sie ist 13 Jahre alt und lebt zusammen mit ihrer Familie in der Rüsselstraße 4a in Stockhausen. Sie besucht die 8. Klasse des Realschulzweiges der Gesamtschule von Stockhausen. Vom 10. bis 28. November findet das erste Betriebspraktikum statt. Sie liebt die Fächer Sport und Kunst. Große Schwierigkeiten bereiten ihr die Fächer Deutsch und Englisch. Sie möchte nach dem Realschulabschluss gerne eine weiterführende Schule besuchen und das Abitur absolvieren. Die Lehrer loben ihre Verlässlichkeit sowie ihre Teamfähigkeit. Sie übernimmt auch gern Verantwortung und übt zurzeit das Amt der Klassensprecherin aus. An ihrer Pünktlichkeit muss sie noch arbeiten. Sie kommt manchmal morgens zu spät in die Schule. In ihrer Freizeit liest sie viele Sachbücher über Tiere, geht gerne mit Freundinnen ins Kino und arbeitet ehrenamtlich im Tierheim von Stockhausen. Sie selbst hat einen Hund als Haustier, mit dem sie einmal die Woche in die Hundeschule geht. Ihr Berufswunsch ist Tierpflegerin, deshalb möchte sie die Aufgabenbereiche dieses Berufes durch das Praktikum näher kennenlernen.

**❷ Formuliere mit den ausgewählten Informationen ein Bewerbungsschreiben von Martina Baumeister an den Hasselberger Zoo. Beachte dabei die inhaltlichen sowie formalen Kriterien einer Bewerbung.**

| Lernzielkontrolle (A) | Datum: |
|---|---|
| Thema: Zeitungstexte – Vergleich | Name: |

**❶ Zeitungstexte unterscheiden**

a) Notiere hinter die Merkmale N für Nachricht, B für Bericht, L für Leserbrief.

| Merkmal | Zeitungstext |
|---|---|
| Leserinnen und Leser schreiben in Briefen oder E-Mails ihre persönlichen Meinungen und Anmerkungen zu Beiträgen der letzten Zeitungsausgabe an die Redaktion. | |
| Dieser Zeitungsartikel informiert sachlich über Ereignisse und liefert außerdem umfassende Hintergrundinformationen. | |
| Dieser Zeitungstext beschreibt sachlich kurz und knapp das Wichtigste der Ereignisse. | |
| Diese Zeitungsbeiträge können Lob und Kritik sowie Zusatzinformationen zu einem gedruckten Artikel beinhalten. | |

b) Nenne jeweils eine dir bekannte regionale und überregionale Zeitung.

| Regionale Zeitung | Überregionale Zeitung |
|---|---|
| | |

c) Erkläre in eigenen Worten, was ein Interview ist.

**❷ Lies die folgende Nachricht.**

## Hundebaby aus fahrendem Auto geworfen

28.08.2014 / Autobahnkreuz Wiesbaden / Unbekannte haben auf der Autobahn A66 bei Wiesbaden einen kleinen Hund aus einem fahrenden Auto geworfen. Das Tier überstand die Tat unverletzt. Einer Polizeistreife war am Donnerstagabend ein Ehepaar hinter der Leitplanke der Autobahn aufgefallen. Die Eheleute Müller hatten zuvor bereits die Polizei alarmiert. Nach eigenen Angaben hatten die Eheleute Müller sehen können, wie ein junger Hund aus dem Beifahrerfenster eines fahrenden Autos geworfen wurde. Gemeinsam mit den Polizeibeamten wurde der unverletzte Hund geborgen und einem Tierarzt vorgestellt. Er wartet nun im Tierheim auf neue, verantwortungsvolle Besitzer.

a) Beschreibe in einem Satz die Hauptaussage des Textes.

| | |
|---|---|
| Lernzielkontrolle (A) | Datum: _____ |
| Thema: Zeitungstexte – Vergleich | Name: _____ |

b) Beantworte die wichtigsten W-Fragen in Stichworten:

| Wer? | |
|---|---|
| Wo? | |
| Wann? | |
| Was? | |

c) Schreibe zu dieser Nachricht einen Leserbrief. Beachte dabei die Merkmale eines Leserbriefs.

_____, _____ Jahre alt, aus _____ schreibt:

_____
_____
_____
_____
_____
_____
_____
_____
_____
_____
_____
_____

❸ Ordne den Kleinanzeigen die richtigen Rubriken zu.

Computer – Stellenmarkt – Automarkt – Flohmarkt – Tiermarkt – Reisen – Kontaktanzeigen – Immobilien – Sonstiges

| | | |
|---|---|---|
| **5-Zi-Whg.**, 150 qm², EBK, Balkon, 1430,– € kalt zzgl. NK ab 01.12. Chiffre: 125-991 | **VW Polo**, Bj. 08, 60 PS, 300 Tkm, TÜV/AU bis 03/17, silber metallic, VHB 4500,– €, Tel. 01337/98732 | **Designer-Bett**, 1,80 x 2,00 m, schwarz-silber, NP 1500,– €, VHB 999,– €, Selbstabholer, Tel. 01453/12 23 13 |

| Lernzielkontrolle (A) | Datum: _____ |
|---|---|
| Thema: Zeitungstexte – Vergleich | Name: _____ |

**❹** Nina hat folgende Anzeige im Internet stehen.

a) Lies die Anzeige aufmerksam durch.

> Ich möchte mein Fahrrad verkaufen, da es mir zu klein ist.
> Mein Fahrrad ist 24 Zoll groß und hat einen Aluminiumrahmen.
> Ich habe erst vor Kurzem neue Bremsen einbauen lassen.
> Die Farbe ist Rot. Ich habe es vor zwei Jahren zu meinem
> Geburtstag geschenkt bekommen. Es hat sieben Gänge und einen
> bequemen Sattel. Licht und Klingel sind voll funktionstüchtig.
> Der Neupreis des Fahrrads betrug 499,– € und ich verkaufe es
> nun für 150,– €. Ich wohne in der Gartenstraße 7 in Frankfurt.
> Bei Interesse folgende Nummer wählen: 066923267223.

b) Nina möchte ihre Anzeige nun in einer Zeitung veröffentlichen. Dafür möchte sie möglichst wenig Geld ausgeben. Das bedeutet, nur das Wichtigste aufzuschreiben. Schreibe für sie die Anzeige.

| **Formular für Ihre private Anzeige in der Frankfurter Rundschau** |
|---|
| Telefon: |
| Rubrik: |
| ○ Angebot          ○ Gesuche |
| Überschrift: |
| Text: |

Lernzielkontrolle (B)

Thema: Zeitungstexte – Vergleich

Datum: _____

Name: _____

## ❶ Zeitungstexte unterscheiden

a) Notiere hinter die Merkmale N für Nachricht, B für Bericht, L für Leserbrief.

| Merkmal | Zeitungstext |
|---|---|
| Leserinnen und Leser schreiben in Briefen oder E-Mails ihre persönlichen Meinungen und Anmerkungen zu Beiträgen der letzten Zeitungsausgabe an die Redaktion. | |
| Dieser Zeitungsartikel informiert sachlich über Ereignisse und liefert außerdem umfassende Hintergrundinformationen. | |
| Dieser Zeitungstext beschreibt sachlich kurz und knapp das Wichtigste der Ereignisse. | |
| Diese Zeitungsbeiträge können Lob und Kritik sowie Zusatzinformationen zu einem gedruckten Artikel beinhalten. | |
| Diese Zeitungsbeiträge werden in der Regel mit dem Namen und dem Wohnort des Verfassers versehen und manchmal auch von einem Kommentar des Redakteurs der Zeitung. | |

b) Nenne jeweils zwei dir bekannte regionale und überregionale Zeitungen.

| Regionale Zeitungen | Überregionale Zeitungen |
|---|---|
| | |
| | |

c) Erkläre in eigenen Worten, was ein Kommentar ist.

## ❷ Lies die folgende Nachricht.

### Hundebaby aus fahrendem Auto geworfen

28.08.2014 / Autobahnkreuz Wiesbaden / Unbekannte haben auf der Autobahn A66 bei Wiesbaden einen kleinen Hund aus einem fahrenden Auto geworfen. Das Tier überstand die Tat unverletzt. Einer Polizeistreife war am Donnerstagabend ein Ehepaar hinter der Leitplanke der Autobahn aufgefallen. Die Eheleute Müller hatten zuvor bereits die Polizei alarmiert. Nach eigenen Angaben hatten die Eheleute Müller sehen können, wie ein junger Hund aus dem Beifahrerfenster eines fahrenden Autos geworfen wurde. Gemeinsam mit den Polizeibeamten wurde der unverletzte Hund geborgen und einem Tierarzt vorgestellt. Er wartet nun im Tierheim auf neue, verantwortungsvolle Besitzer.

| Lernzielkontrolle (B) | Datum: |
|---|---|
| Thema: Zeitungstexte – Vergleich | Name: |

a) Beschreibe in einem Satz die Hauptaussage des Textes.

b) Beantworte die wichtigsten W-Fragen in ganzen Sätzen.

c) Schreibe zu dieser Nachricht einen Leserbrief. Beachte dabei die Merkmale eines Leserbriefs.

❸ Ordne die folgenden Kleinanzeigen Rubriken zu:

|  |  |  |
|---|---|---|
| **5-Zi-Whg.,** 150 qm², EBK, Balkon, 1 430,– € kalt zzgl. NK ab 01.12. Chiffre: 125-991 | **VW Polo,** Bj. 08, 60 PS, 300 Tkm, TÜV/AU bis 03/17, silber metallic, VHB 4 500,– €, Tel. 0 13 37 / 9 87 32 | **Designer-Bett,** 1,80 × 2,00 m, schwarz-silber, NP 1500,– €, VHB 999,– €, Selbstabholer, Tel. 0 14 53 / 1 22 31 3 |

8. Klasse

# Lernzielkontrolle (B)
## Thema: Zeitungstexte – Vergleich

Datum: _____

Name: _____

**❹** Nina hat folgende Anzeige im Internet stehen.

a) Lies die Anzeige aufmerksam durch.

> Ich möchte mein Fahrrad verkaufen, da es mir zu klein ist.
> Mein Fahrrad ist 24 Zoll groß und hat einen Aluminiumrahmen.
> Ich habe erst vor Kurzem neue Bremsen einbauen lassen.
> Die Farbe ist Rot. Ich habe es vor zwei Jahren zu meinem
> Geburtstag geschenkt bekommen. Es hat sieben Gänge und einen
> bequemen Sattel. Licht und Klingel sind voll funktionstüchtig.
> Der Neupreis des Fahrrads betrug 499,- € und ich verkaufe es
> nun für 150,- €. Ich wohne in der Gartenstraße 7 in Frankfurt.
> Bei Interesse folgende Nummer wählen: 066923267223.

b) Nina möchte ihre Anzeige nun in einer Zeitung veröffentlichen. Dafür möchte sie möglichst wenig Geld ausgeben. Das bedeutet, nur das Wichtigste aufzuschreiben. Schreibe für sie die Anzeige.

| Formular für Ihre private Anzeige in der Frankfurter Rundschau |
|---|
| Telefon: |
| Rubrik: |
| ○ Angebot      ○ Gesuche |
| Überschrift: |
| Text: |

8. Klasse

**Lesetext Lernzielkontrolle Sachtexte erschließen**

# Leben im Überfluss

1 Weltweit landet gut ein Drittel aller Lebensmittel auf dem Müll. In Deutschland soll es sogar noch mehr
2 sein. Doch über 50 % der befragten Männer und Frauen vor einem großen deutschen Supermarkt
3 erwarten auch an einem Samstag um 20 Uhr noch volle Regale in der Gemüse- oder Backwaren-
4 abteilung. Supermärkte stehen in Konkurrenz zueinander und wollen keine Kunden verlieren, weil sie
5 abends deren Lieblingsprodukt nicht haben.
6 Gerold Hafner ist Diplom-Ingenieur der Universität Stuttgart und untersucht Müll. Mit seinen Kollegen
7 untersucht er Restmülltonnen, Container hinter Supermärkten oder Abfälle von Hotels oder Restaurants.
8 Doch er findet in all dem Müll vor allem eins: unverbrauchte Lebensmittel. Laut einer aktuellen Umfrage
9 landen 21 % der gekauften Lebensmittel nicht auf dem Esstisch, sondern im Mülleimer. Doch es werden
10 nicht nur abgelaufene oder verdorbene Lebensmittel weggeschmissen. Woran liegt das? Backstuben und
11 Bäckereien werfen täglich etwa 10 % ihrer Produkte weg. Aber auch Privatpersonen werfen im
12 Durchschnitt 13 % von noch essbaren Lebensmitteln weg. Teilweise sind die Produkte noch verpackt
13 oder nur wenig aufgebraucht.
14 Vor allem Obst und Gemüse oder Fleisch und Brot landen im Müll, obwohl sie noch essbar sind. Gut 90 %
15 der befragten Männer und Frauen sind sich ihrer Verschwendung nicht bewusst. Über die Hälfte der
16 Befragten gab an, dass sie Lebensmittel mit abgelaufenem Mindesthaltbarkeitsdatum vorsorglich weg-
17 wirft. Nur 25 %, also ein Viertel, verzehren auch noch Lebensmittel mit abgelaufenem Mindesthaltbar-
18 keitsdatum nach Geruchs- und Augenkontrolle.

# Lesetext Lernzielkontrolle Sachtexte erschließen

19 Aber auch Supermärkte, Zulieferer und Bauern werfen gut ein Drittel ihrer Lebensmittel weg. Ein Bio-
20 Kartoffelbauer lässt etwa 40 % seiner Kartoffeln auf dem Feld liegen, da sie zu groß oder zu klein sind.
21 Im Supermarkt würde diese Kartoffeln keiner kaufen. Nicht alle Lebensmittel schaffen es also in das
22 Regal im Supermarkt. Krumme Karotten, zu kleine Äpfel, weiche Tomaten werden bereits vorher aus-
23 sortiert. Doch ein Experiment in einer Supermarktkette zeigt: Als Angebot des Tages ließen sich auch
24 65 % dieser Produkte verkaufen.
25 Der letzte Krieg und die damit zusammenhängende Hungersnot liegt in Deutschland viele Jahrzehnte
26 zurück. Die Wertschätzung der Lebensmittel fehlt, sie sind in Westeuropa selbstverständlich und vor
27 allem günstig zu beschaffen. Gerade einmal 10–12 % des Einkommens werden in Deutschland für
28 Lebensmittel ausgegeben. In Entwicklungsländern ist dieser Prozentsatz wesentlich höher, durchschnitt-
29 lich 60–70 % des Einkommens kosten Grundnahrungsmittel. Etwa 925 Millionen Menschen leiden welt-
30 weit an Hunger. Jährlich sterben mehr Menschen an Hunger als an Krankheiten wie AIDS oder Malaria
31 zusammen. 98 % der Hungernden leben in Entwicklungsländern.

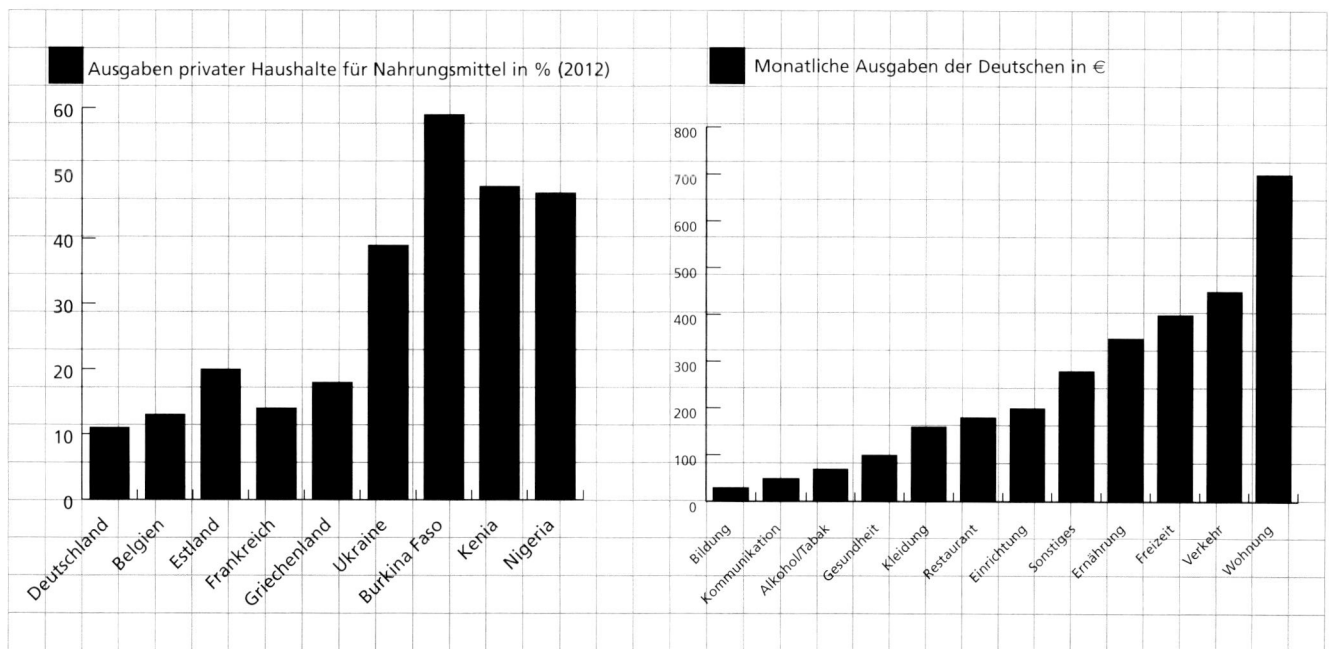

**Lernzielkontrolle (A)**

**Thema: Sachtexte erschließen**

Datum: _____

Name: _____

❶ Lies den Sachtext „Leben im Überfluss" aufmerksam durch.

❷ Worum geht es im Text? Kreuze die richtige Antwort an.

○ Umgang mit Lebensmitteln  ○ Umweltverschmutzung

○ Verantwortungslosigkeit der Deutschen  ○ Umgang mit Lebensmitteln in Deutschland

❸ Finde passende Zwischenüberschriften und schreibe die passenden Zeilenangaben dazu.

| Zwischenüberschriften | Zeilen |
|---|---|
|  |  |
|  |  |
|  |  |
|  |  |
|  |  |

❹ Nenne drei Gründe, warum es manche Lebensmittel nicht in die Regale der Supermärkte schaffen.

_____

_____

_____

_____

❺ Weshalb haben Supermärkte nahezu rund um die Uhr gefüllte Regale?

_____

_____

_____

❻ Richtig oder falsch? Kreuze an.

| Aussage | richtig | falsch |
|---|---|---|
| Über die Hälfte aller Lebensmittel landet in Deutschland auf dem Müll. |  |  |
| Mehr als die Hälfte der Befragten wirft Lebensmittel mit abgelaufenem Mindesthaltbarkeitsdatum weg. |  |  |
| Schlechte, zu kleine oder zu große, unschöne Lebensmittel werden vor dem Verkauf aussortiert. |  |  |
| Die meisten Hunger leidenden Menschen leben in Europa. |  |  |

Lernzielkontrolle (A)  
Thema: Sachtexte erschließen

Datum: _____  
Name: _____

**❼** Fasse in ein bis zwei Sätzen zusammen, worüber der Text informieren möchte.

_____
_____
_____
_____

**❽** Betrachte Diagramm 1:

a) Worüber informiert das Diagramm?

_____
_____
_____
_____

b) In welchem Land wird der höchste Anteil des Gehalts für Lebensmittel ausgegeben?

_____

c) Kreuze die richtigen Aussagen an:
- ○ In Afrika werden fast 50 % des Gehalts für Lebensmittel ausgegeben.
- ○ In Europa gehört Deutschland zu den Ländern, in denen relativ wenig Geld des Gehalts für Lebensmittel ausgegeben wird.
- ○ In Belgien und Frankreich liegt der prozentuale Anteil für Lebensmittel bei 14 %.

**❾** Betrachte Diagramm 2:

a) Wofür geben die Deutschen monatlich am meisten aus?

_____

b) Welche Kosten sind durchschnittlich monatlich am geringsten anzusehen?

_____

c) Welche Kosten könnten sich hinter Sonstiges verbergen?

_____
_____

d) Welche Ausgaben fallen für Lebensmittel an?

_____
_____

**❿** Um welche Art von Diagrammen handelt es sich bei den Diagrammen 1 und 2?

_____

| Lernzielkontrolle (B) | Datum: |
|---|---|
| Thema: Sachtexte erschließen | Name: |

**❶** Lies den Sachtext „Leben im Überfluss" aufmerksam durch.

**❷** Worum geht es im Text? Fasse die Kernaussage in zwei bis drei Sätzen zusammen.

**❸** Einteilung des Textes

    a) In wie viele Abschnitte lässt sich der Text sinnvoll einteilen? Kreuze an.

        ◯ in drei Abschnitte      ◯ in fünf Abschnitte      ◯ in sechs Abschnitte

    b) Finde passende Zwischenüberschriften und schreibe die passenden Zeilenangaben dahinter.

**❹** Nenne Gründe, weshalb es manche Lebensmittel nicht in die Regale der Supermärkte schaffen.

**❺** Warum haben Supermärkte nahezu rund um die Uhr gefüllte Regale?

**❻** Der Begriff „Mindesthaltbarkeitsdatum" wird unterschiedlich interpretiert.

    a) Was bedeutet Mindesthaltbarkeitsdatum?

    b) Welches Verhalten ist richtig? Dinge mit abgelaufener Mindesthaltbarkeit wegwerfen oder nach einer Kontrolle noch verzehren?

**❼** Was ist die Absicht des Textes?

**Lernzielkontrolle (B)**

**Thema: Sachtexte erschließen**

Datum: _____

Name: _____

**❽ Betrachte Diagramm 1. Beantworte die folgenden Fragen in ganzen Sätzen.**

a) Worüber informiert das Diagramm?

_____

_____

b) In welchem Land wird der höchste Anteil des Gehalts für Lebensmittel ausgegeben?

_____

_____

c) Kreuze richtige Aussagen an:
- ○ In Afrika werden fast 50 % des Gehalts für Lebensmittel ausgegeben.
- ○ In Europa gehört Deutschland zu den Ländern, in denen relativ wenig Geld des Gehalts für Lebensmittel ausgegeben wird.
- ○ In Belgien und Frankreich liegt der prozentuale Anteil für Lebensmittel bei 14 %.

**❾ Betrachte Diagramm 2. Beantworte die folgenden Fragen in ganzen Sätzen.**

a) Wofür geben Deutsche monatlich am meisten aus?

_____

_____

b) Welche Kosten sind durchschnittlich monatlich am geringsten anzusehen?

_____

_____

c) Welche Kosten könnten sich hinter Sonstiges verbergen?

_____

_____

d) Welche Ausgaben fallen für Lebensmittel an?

_____

_____

**❿ Um welche Art von Diagrammen handelt es sich hier?**

_____

# Das Meer

Wir waren eine Woche bei meinem Onkel in Beirut. Eine wunderschöne Stadt. Ich liebe das Meer. Meine Mutter hat fürchterliche Angst davor. Sie verbot mir, ans Wasser zu gehen, aber das Haus meines Onkels war so nahe und das Meer ist eine einzige Verlockung.

Als ich das erste Mal vom Strand zurückkam, schrie mich meine Mutter an, weil ich sie angeflunkert hatte, ich sei im Park gewesen. Mein sonnenverbranntes Gesicht hatte mich verraten und so gab es keinen Nachtisch für mich. Am nächsten Tag zog es mich wieder zum Meer, aber ich blieb im Schatten. Als ich zurückkam und fröhlich vom Park erzählte, befahl meine Mutter: „Zieh deine Schuhe aus", und sie klopfte den Sand heraus. Ich verlor meinen zweiten Nachtisch.

In der Nacht beschloss ich, nicht mehr zum Meer zu gehen, aber als ich am nächsten Morgen aufwachte, hörte ich das Rauschen der Wellen und eilte wieder hinaus. Diesmal beschloss ich, meine Mutter zu überlisten. Ich spielte im Wasser und rannte immer wieder in den Schatten. Bevor ich das Haus meines Onkels betrat, klopfte ich meine Schuhe so lange, bis kein Körnchen Sand mehr drin war, und ging mit einem Lächeln hinein.

„Was für ein schöner Park", rief ich meiner Mutter herausfordernd zu. Sie schaute mich prüfend an und ich schwärmte noch mehr von den Schönheiten des Gartens. Ich lachte innerlich, als sie meine Schuhe ausklopfte. Da sagte sie: „Komm her!" Sie nahm meinen Arm und leckte daran. „Du warst am Meer. Nur Meersalz schmeckt so!" Aber merkwürdigerweise gab sie mir an diesem Tag eine doppelte Portion Vanilleeis.

| Lernzielkontrolle (A) | Datum: _____ |
|---|---|
| Thema: Literarische Texte – Prosa | Name: _____ |

❶ Lies die Kurzgeschichte „Das Meer" von Rafik Schami.

❷ Wer erzählt die Kurzgeschichte „Das Meer"? Kreise ein.

personaler Erzähler     Ich-Erzähler     auktorialer Erzähler

❸ Setze zu den jeweiligen Überschriften die passenden Zeilennummern ein.

| Zeile | Überschrift |
|---|---|
|  | Das Verbot |
|  | Zweimal erwischt |
|  | Der dritte Versuch |
|  | Überraschendes Ende |

❹ Richtig oder falsch? Kreuze an.

| Aussage | richtig | falsch |
|---|---|---|
| Mutter und Sohn machen beim Onkel der Mutter Urlaub. |  |  |
| Das Meer ist für die Mutter eine Verlockung. |  |  |
| Der Junge erzählt seiner Mutter, dass er im Park war. |  |  |
| Beim ersten Schwindel klopft die Mutter den Sand aus den Schuhen des Sohnes. |  |  |
| Der Junge bekommt nach seiner zweiten Lüge keinen Nachtisch. |  |  |
| Der Junge beschloss bereits in der Nacht, wieder zum Meer zu gehen. |  |  |
| Der Junge versucht beim dritten Mal, seine Mutter zu überlisten. |  |  |
| Die Mutter entdeckt auch den letzten Schwindel. |  |  |
| Die Mutter ist am dritten Tag sehr wütend auf ihren Sohn. |  |  |

❺ Trage die richtigen Personen ein.

|  |  |
|---|---|
| liebt das Meer | hat Angst vor dem Meer |

❻ Kreuze richtig an. Trotz des Verbotes geht der Junge zum Meer, weil ...

|  | er seine Mutter ärgern will. |
|---|---|
|  | er dem Meer einfach nicht widerstehen kann. |
|  | er dort hofft, seinen Freund wiederzusehen. |

❼ Denke dir ein Ende aus. Der Junge fragt seine Mutter am dritten Tag: „Warum habe ich heute eine doppelte Portion Vanilleeis bekommen?" Seine Mutter antwortet:

_____

_____

**Lernzielkontrolle (B)**

**Thema: Literarische Texte – Prosa**

Datum: _____

Name: _____

**❶** Lies die Kurzgeschichte „Das Meer" von Rafik Schami.

**❷** In welcher Erzählperspektive ist der Text „Das Meer" geschrieben?

_____

**❸** Finde zu den folgenden Zeilenangaben eine passende Überschrift.

| Zeile | Überschrift |
|-------|-------------|
| 1–3   |             |
| 4–8   |             |
| 9–15  |             |
| 16–21 |             |

**❹** Welche unterschiedliche Bedeutung hat das Meer für die Mutter und für ihren Sohn? Belege deine Aussage mit einer Zeilenabgabe.

_____

_____

_____

**❺** Trotz des Verbotes geht der Junge zum Meer. Warum?

_____

_____

_____

**❻** Wie entdeckt die Mutter die ersten zwei Strandbesuche ihres Sohnes?

_____

_____

_____

**❼** Welche Konsequenzen folgen für den Jungen?

_____

_____

_____

**❽** Schreibe aus Sicht des Jungen einen Brief an seine Mutter. Der Brief soll die Planung, Durchführung und das Ende des dritten Tages beinhalten. Beschreibe dabei vor allem seine Gedanken und Gefühle. Schreibe auf ein extra Blatt.

# Lösungen

## Leicht verwechselbare Konsonanten und Vokale (A) — Seite 5

**❶** richtige Aussagen:
- Die Verwandtschaftsprobe hilft dir zu entscheiden, ob ein Wort mit ä oder e bzw. äu oder eu geschrieben wird.
- Es gibt Wörter mit ä oder e, die Lernwörter sind und deren Schreibung durch keine Regel herzuleiten ist.
- Einige ähnlich klingende Konsonanten (z. B. b oder p, g oder k, d oder t) kann man durch die sogenannte Verlängerungsprobe unterscheiden.
- Ob ein Wort mit f, v, w oder pf geschrieben wird, musst du im Wörterbuch nachschlagen und dir merken.

**❷** Hände – Hand, Feuer = Lernwort, Blumensträuße – Blumenstrauß, Nägel – Nagel, Kreuz = Lernwort

**❸** Der <u>fierzigjährige</u> <u>Vlorian</u> <u>viel</u> fast vom <u>Sova</u>, weil <u>elv</u> <u>brafe</u> Elefanten sich <u>ferbotenerweise</u> aus dem Zirkus <u>bevreit</u> haben und in seinem <u>Forgarten</u> <u>fervirrt</u> umher<u>lauven</u>.

**❹** a) An einem merkwürdigen Tag wollte der König sich mit dem Zug auf den Weg zur Jagd nach Ludwigsburg begeben.
b) Lina malt ein Bild von unserem Hund: Er ist alt, sein Halsband ist bunt, sein Freund ist ein Kater, er bellt laut, am liebsten geht er im Wald spazieren.
c) Die Tageszeitung schrieb knapp: Raub konnte aufgeklärt werden – Polizist blieb unverletzt – Dieb schwebt noch in Lebensgefahr.

## Leicht verwechselbare Konsonanten und Vokale (B) — Seite 6

**❶** *Individuelle Schülerlösung, z. B.:* Verwandtschafts-, Verlängerungsprobe

**❷** richtige Aussagen:
- Es gibt Wörter mit ä oder e, die Lernwörter sind und deren Schreibung durch keine Regel herzuleiten ist.
- Ob ein Wort mit f, v, w oder pf geschrieben wird, musst du im Wörterbuch nachschlagen und dir merken.

**❸** a) b) Der <u>vierzigjährige</u> <u>Florian</u> <u>fiel</u> fast vom <u>Sofa</u>, weil <u>elf brave</u> Elefanten sich <u>verbotenerweise</u> aus dem Zirkus <u>befreit</u> haben und in seinem <u>Vorgarten</u> <u>verwirrt</u> <u>umherlaufen</u>.

**❹** <u>Goldraub überlebt</u>
Ein Dieb hatte heute vor einer Woche Gold im Wert von über 100 000 Euro im Wald in einem Korb versteckt. Er konnte jedoch gefasst werden, da eine Zeugin sofort nach der Tat ein Phantombild gemalt hat. Die Polizei trieb den Dieb in die Enge. Dabei entging ein Polizist nur knapp einer Schussverletzung. Bisher schweigt der Räuber zu seiner Tat. Der Villen-Besitzer ist zufrieden – er erhält seine wertvollen Schmuckstücke zurück. Nach wie vor fehlt allerdings eine fast 200 Jahre alte Vase. Vielleicht lenkt der Dieb doch noch ein.

## Getrennt- und Zusammenschreibung (A) — Seite 7

**❶**

| Aussage | richtig | falsch |
|---|---|---|
| Verbindungen aus Verb und Verb werden in der Regel getrennt geschrieben. | X | |
| Verbindungen aus Nomen und Verb werden zusammengeschrieben. | | X |
| Treffen zwei Adjektive aufeinander, werden sie getrennt geschrieben, z. B. *sommerlich warm*. | X | |
| Einige Verbindungen zwischen zwei Wörtern werden immer zusammengeschrieben. Das sind *Lernwörter*. | X | |
| Eine Verbindung zwischen einem Verb und sein wird immer zusammengeschrieben, z. B. *dabeisein*. | | X |
| Die Wortbedeutung kann sich ändern, wenn ein Wort zusammen- oder getrennt geschrieben wird. | X | |

**❷** Fahrrad fahren, Fußball spielen, baden gehen

**❸** a) Leon bekommt ein neues Handy, wenn er in Deutsch **besser ist** als in der 6. Klasse.
b) Ina möchte an einer Sprachreise **teilnehmen**.
c) Anna freut sich auf die **eisig kalte** Limonade.
d) Freitags gehen wir immer **Pizza essen**.
e) Heute muss ich noch **einkaufen gehen**.

**❹** a) LESEN-LERNEN-KUCHEN-BACKEN-FERNSEHEN-EIN-WENIG-MESSERSCHARF-ANGST-HABEN
b) lesen lernen; Kuchen backen; fernsehen; ein wenig; messerscharf; Angst haben

**❺** a) um etwas herumfahren, ausweichen, umrunden
b) auf etwas fahren, umstoßen

## Getrennt- und Zusammenschreibung (B) — Seite 9

**❶** a) *Individuelle Schülerlösung*
*Beispiel Getrenntschreibung:* Verbindungen aus zwei Verben schreibt man in der Regel getrennt. Verbindungen aus Adjektiv und Verb schreibt man in der Regel getrennt. Verbindungen aus Nomen und Verb schreibt man in der Regel getrennt.
*Beispiel Zusammenschreibung:* Verbindungen aus zwei Verben können je nach Bedeutung zusammen- oder getrennt geschrieben werden. Diese Verbindungen sind oftmals Lernwörter.

b)

| Aussage | richtig | falsch |
|---|---|---|
| Einige Verbindungen zwischen zwei Wörtern werden immer zusammengeschrieben. Das sind Lernwörter. | X | |
| Eine Verbindung zwischen einem Verb und „sein" wird immer zusammengeschrieben, z. B. *dabeisein*. | | X |
| Manchmal hängt es von der Bedeutung des Wortes ab, ob es getrennt oder zusammen geschrieben wird. | X | |

# Lösungen

| Aussage | richtig | falsch |
|---|---|---|
| Verbindungen aus Partizip und Verb schreibt man in der Regel zusammen, z. B. *getrenntschreiben*. | | X |

❷ 
| Wort | Begründung |
|---|---|
| lesen lernen | Verb + Verb schreibt man getrennt. |
| laut schreien | Adjektiv + Verb schreibt man getrennt. |
| fernsehen | Lernwort |

❸ a) Leon bekommt ein neues Handy, wenn er in Deutsch **besser ist** als in der 6. Klasse.
b) Ina möchte an einer Sprachreise **teilnehmen**.
c) Anna freut sich auf die **eisig kalte** Limonade.
d) Freitags gehen wir immer **Pizza essen**.
e) Heute muss ich noch **einkaufen gehen**.
f) Wir müssen das Regal erst noch **zusammenbauen**.
g) Anna fragt Lisa: „Wollen wir eine Sandburg **zusammen bauen?**"

❹ Feuer fangen – sich für etwas begeistern; Posten stehen – beobachten; Pleite gehen – viel Geld verlieren

❺ a) um etwas herumfahren, ausweichen, umrunden
b) auf etwas fahren, umstoßen

## Fremdwörter (A) — Seite 11

❶
| Aussage | richtig | falsch |
|---|---|---|
| Fremdwörter sind Wörter aus anderen Sprachen, die auch im Deutschen verwendet werden. | X | |
| Es gibt neben der ursprünglichen Schreibweise auch eingedeutschte Schreibweisen, z. B. *Cousine – Kusine*. | X | |
| In Fremdwörtern gibt es sehr oft ein ie. | | X |
| In Fremdwörtern wird oft statt k oder kk ein ck geschrieben. | | X |
| Ein Dehnungs-h zur Kennzeichnung des lang gesprochenen Vokals gibt es in Fremdwörtern nicht. | X | |

❷ Funktion, Sabotage, positiv, Qualifikation, kreativ, Information, Etage, Kontrolleur.

❸ a) diskutieren b) konzentrieren c) fliegen d) reparieren

❹ a) interessant b) fantastisch c) chaotisch

❺ a) prominent b) reflektieren c) Korrektur

❻ Atmosphäre – Stimmung, Rage – Wut, Komplikationen – Schwierigkeiten, Distanz – Entfernung, Tourist – Ferienreisender

## Fremdwörter (B) — Seite 12

❶
| Aussage | richtig | falsch |
|---|---|---|
| Fremdwörter sind Wörter aus anderen Sprachen, die auch im Deutschen verwendet werden. | X | |
| Es gibt neben der ursprünglichen Schreibweise auch eingedeutschte Schreibweisen, z. B. *Cousine – Kusine*. | X | |
| In Fremdwörtern gibt es sehr oft ein ie. | | X |
| In Fremdwörtern wird oft statt k oder kk ein ck geschrieben. | | X |
| Ein Dehnungs-h zur Kennzeichnung des lang gesprochenen Vokals gibt es in Fremdwörtern nicht. | X | |

❷ *Individuelle Schülerlösung, z. B.*:
-tion (Operation), -eur (Kontrolleur), -age (Sabotage), -ie (Industrie), -ieren (demonstrieren), -iv (positiv)

❸ a) diskutieren b) konzentrieren c) charmant d) reparieren e) chaotisch f) vital g) fantastisch

❹ a) prominent b) reflektieren c) Rage

❺ Stimmung, Ausblick, menschenwürdig/menschlich (oder eine Erklärung in eigenen Worten)

## Aktiv und Passiv (A) — Seite 13

❶
| Aussage | richtig | falsch |
|---|---|---|
| In Sätzen, in denen das Subjekt etwas tut, steht das Prädikat im **Aktiv**. *Beispiel: Der Hund bellt.* | X | |
| Sätze, in denen mit dem Subjekt etwas geschieht, haben ein Prädikat im **Passiv**. *Beispiel: Der Käfig wird gesäubert.* | X | |
| Das **Passiv** wird mit „werden" + Verb im Partizip Perfekt gebildet. | X | |
| Unwichtige oder unbekannte **Täter** dürfen im Passivsatz **nie** fehlen. | | X |
| Aktiv und Passiv gibt es in **jedem Tempus** (= in allen Zeiten). | X | |

❷
| Infinitiv | Partizip Perfekt |
|---|---|
| fangen | gefangen |
| lieben | geliebt |
| kämmen | gekämmt |
| bewundern | bewundert |
| trainieren | trainiert |
| einsperren | eingesperrt |

❸
| X | Aktiv- und Passivsätze |
|---|---|
| | Die Kinder spielen auf dem Pausenhof. |
| | Die Lehrerin verteilt den neuen Stundenplan. |
| X | Die Tafel wird vom Tafeldienst sehr ordentlich gesäubert. |
| X | Die Schule wird von der Kunst-AG frühlingshaft dekoriert. |
| | Nicht wenige Besucher gehen ins Sockentheater. |

# Lösungen

**4** Subjekt = **fett**, Akkusativobjekt = unterstrichen
a) **Der Lehrer** erzählt eine Geschichte.
Eine Geschichte wird vom Lehrer erzählt.
b) **Ben und Lisa** verschenken Bonbons.
Bonbons werden von Ben und Lisa verschenkt.
c) **Isa** verkauft auf dem Flohmarkt viele Bücher.
Viele Bücher werden von Isa auf dem Flohmarkt verkauft.
d) **Die Schüler** lernen fleißig die Englischvokabeln.
Die Englischvokabeln werden von den Schülern fleißig gelernt.
e) **Der Hausmeister** repariert die defekte Heizung.
Die defekte Heizung wird vom Hausmeister repariert.
f) **Die Vermieter** sanieren drei Wohnungen.
Drei Wohnungen werden von den Vermietern saniert.

**5**
| (1) Ich werde gefahren. | (3) Passiv / Präteritum |
| (2) Du bist gefahren worden. | (5) Passiv / Futur I |
| (3) Er wurde gefahren. | (4) Passiv / Plusquamperfekt |
| (4) Wir waren gefahren worden. | (2) Passiv / Perfekt |
| (5) Sie werden gefahren werden. | (1) Passiv / Präsens |

**6**
a) begleiten / Präsens
Das kleine Mädchen **wird** von ihrem Opa nach Hause **begleitet**.
b) fahren / Präteritum
Die beiden Kinder **wurden** von ihrem Trainer zum Spiel **gefahren**.
c) tragen / Perfekt
Die Koffer **sind** vom Butler ins Haus **getragen worden**.
d) füttern / Futur I
Das Nilpferd **wird** von der Familie **gefüttert werden**.
e) streichen / Plusquamperfekt
Die Klassenräume **waren** von den Schülern **gestrichen worden**.

## Aktiv und Passiv (B)     Seite 15

**1**
| Aussage | richtig | falsch |
|---|---|---|
| In Sätzen, in denen das Subjekt etwas tut, steht das Prädikat im **Aktiv**. | X | |
| Sätze, in denen mit dem Subjekt etwas geschieht, haben ein Prädikat im **Passiv**. | X | |
| Das **Aktiv** wird mit „werden" + Verb im Partizip Plusquamperfekt gebildet. | | X |
| Das **Passiv** wird mit werden + Verb im Partizip Perfekt gebildet. | X | |
| Die Handelnden / Täter können mit den **Präpositionen durch** und **von** hinzugefügt werden. | X | |

| Aussage | richtig | falsch |
|---|---|---|
| Unwichtige oder unbekannte **Täter** dürfen im Passivsatz **nie** fehlen. | | X |
| Aktiv und Passiv gibt es in **jedem Tempus**. | X | |

**2**
| X | Aktiv- und Passivsätze |
|---|---|
| | Einige Kinder spielen in der Pause Tischtennis. |
| | Die Lehrerin verteilt den neuen Stundenplan. |
| X | Die Tafel wird vom Tafeldienst sehr ordentlich gesäubert. |
| X | Die Schule wird von der Kunst-AG frühlingshaft dekoriert. |
| | Nicht wenige Besucher besuchen beim Rundgang das Sockentheater. |
| X | Auf dem Pausenhof werden vier Spielstationen aufgebaut. |

**3**
a) Eine Geschichte wird vom Lehrer erzählt.
b) Bonbons werden von Ben und Lisa verschenkt.
c) Viele Bücher werden von Isa auf dem Flohmarkt verkauft.
d) Die Englischvokabeln werden von den Schülern fleißig gelernt.
e) Die defekte Heizung wird vom Hausmeister repariert.

**4**
| (1) Er lachte. | (1) Aktiv / Präteritum |
| (2) Sie ist gefüttert worden | (3) Passiv / Futur I |
| (3) Wir werden abgeholt werden. | (4) Passiv / Plusquamperfekt |
| (4) Du warst gefangen worden. | (2) Passiv / Perfekt |
| (5) Es wird gesagt | (7) Aktiv / Präsens |
| (6) Du wirst sehen. | (5) Passiv / Präsens |
| (7) Wir singen. | (6) Aktiv / Futur I |

**5**
| Zeiten | Satz |
|---|---|
| Präsens | Das Haus wird vom Feuer zerstört. |
| Präteritum | Das Haus wurde vom Feuer zerstört. |
| Perfekt | Das Haus ist vom Feuer zerstört worden. |
| Plusquamperfekt | Das Haus war vom Feuer zerstört worden. |
| Futur I | Das Haus wird vom Feuer zerstört werden. |

**6**
a) Die Wohnung wird heute von Martin geputzt.
b) Die schönsten Kunstwerke des Jahres wurden letztes Wochenende von den Kindern präsentiert.
c) Ein spannender Artikel ist von dem Journalisten geschrieben worden.

## Lösungen

**❼**
a) Der Lehrling hatte das Kissen genäht.
b) Die Schüler werden die Vertretungsordner neu anlegen.
c) Zwei Mitarbeiter tragen die Möbel.

### Konjunktiv I und II (A) — Seite 18

**❶** Der **Indikativ** ist die Wirklichkeitsform. Der Konjunktiv ist die **Möglichkeitsform**. Stimmt der **Konjunktiv I** mit dem Indikativ überein, so ist der **Konjunktiv II** oder die Ersatzform mit „würde" + Infinitiv einzusetzen.

**❷**

| er hat | Indikativ |
|---|---|
| er habe | Konjunktiv I |
| er hätte | Konjunktiv II |

**❸** a) müssen

|  | Konjunktiv I | Konjunktiv II |
|---|---|---|
| ich | müsse | müsste |

b) sein

|  | Konjunktiv I | Konjunktiv II |
|---|---|---|
| ich | sei | wäre |

c) brauchen

|  | Konjunktiv I | Konjunktiv II |
|---|---|---|
| ich | brauche | bräuchte |

d) können

|  | Konjunktiv I | Konjunktiv II |
|---|---|---|
| ich | könne | könnte |

**❹**

| Sätze | Indikativ | Konjunktiv I | Konjunktiv II |
|---|---|---|---|
| Ich gehe mit meinem Hund zum Tierarzt. | X | | |
| Martin ziehe in eine neue Wohnung. | | X | |
| Bella und Tina hätten eine tolle Idee. | | | X |
| Die Kinder gehen auf den Spielplatz. | X | | |
| Er gebe mir später die Tasche zurück. | | X | |
| Wir bräuchten mehr Zeit zum Lernen. | | | X |

**❺**
a) Simon erzählt, Manu putze heute das Bad.
b) Die Klasse meint, Erwin sei der beste Sportler der Schule.
c) Meine Oma berichtet, das Ehepaar Maier laufe jeden Tag 3 km im Wald.
d) Der Fußgänger berichtet, der Fahrradfahrer fahre sehr vorsichtig.

### Konjunktiv I und II (B) — Seite 20

**❶** Der **Indikativ** ist die Wirklichkeitsform. Der Konjunktiv ist die **Möglichkeitsform**. Stimmt der **Konjunktiv I** mit dem Indikativ überein, so ist der **Konjunktiv II** oder die Ersatzform mit „würde" + Infinitiv einzusetzen.

**❷**

| sie ist | Indikativ |
|---|---|
| er habe | Konjunktiv I |
| es käme | Konjunktiv II |

**❸** a) müssen

|  | Konjunktiv I | Konjunktiv II |
|---|---|---|
| ich | müsse | müsste |

b) sein

|  | Konjunktiv I | Konjunktiv II |
|---|---|---|
| wir | seien | wären |

c) brauchen

|  | Konjunktiv I | Konjunktiv II |
|---|---|---|
| er/sie/es | brauche | bräuchte |

d) singen

|  | Konjunktiv I | Konjunktiv II |
|---|---|---|
| du | singest | sängest |

e) kommen

|  | Konjunktiv I | Konjunktiv II |
|---|---|---|
| ich | komme | käme |

**❹**
a) Simon erzählt, Manu putze heute das Bad. (Konjunktiv I)
b) Die Klasse meint, Erwin sei der beste Sportler der Schule. (Konjunktiv I)
c) Meine Oma berichtet, das Ehepaar Maier laufe jeden Tag 3 km im Wald. (Konjunktiv I)
d) Lars ruft, die Schüler hätten zu viele Hausaufgaben auf. (Konjunktiv II)
e) Die Lehrerin berichtet, die Kinder wüssten viel über die Erziehung von Hunden. (Konjunktiv II)
f) Der Fußgänger berichtet, der Fahrradfahrer fahre sehr vorsichtig. (Konjunktiv I)
g) Der Sozialarbeiter erzählt, viele Jugendliche kämen abends ins Jugendhaus. (Konjunktiv I)

### Relativsätze – *das* oder *dass* (A) — Seite 22

**❶**

| Aussage | richtig | falsch |
|---|---|---|
| **Das** kann ein Artikel sein. | X | |
| **Das** kann ein Relativpronomen sein und wird mit einem s geschrieben. | X | |

# Lösungen

| Aussage | richtig | falsch |
|---|---|---|
| *Dass* kann ein Relativpronomen sein und wird mit ss geschrieben. | | X |
| *Dass* leitet einen Hauptsatz ein. | | X |
| *Dass* steht häufig nach Verben des Denkens, Fühlens oder Sagens (z. B. Ich glaube, *dass*… Ich meine, *dass*…). | X | |
| Kannst du *das* durch *welches* oder *dieses* ersetzen, schreibst du *das*. | X | |

❷ a) **Das** Handy ist neu.
b) Ich denke, **dass** dein neues Handy sehr teuer war.
c) Ich glaube, **dass das** Handy eine extra Versicherung braucht.
d) Es nervt mich schon lange, **dass** ich ein altes Handy habe.
e) **Das** Kind, **das** in meiner Straße wohnt, hat **das** neuste Handymodell.

❸ **Das** schlechte Gewissen

Ein neugieriges Tier, **das** in meiner Wohnung lebt, **das** auf den Namen Chip hört, ist ein kleiner Dieb. **Das** Diebesgut, **das** er am Tag zuvor entwendet hatte, wurde freiwillig herausgegeben. Er dachte, **dass das** Handy ein tolles Spielzeug sei. Sein Frauchen, **das das** Gerät bereits als vermisst gemeldet hat, kann das alles nicht fassen. Doch warum gab er **das** Handy wieder zurück? War ihm **das** etwa zu anstrengend? Schließlich hatte das besorgte Frauchen ständig angerufen, um **das** verlegte Handy wieder zu finden. Vielleicht plagte ihn aber doch **das** schlechte Gewissen. **Dass** es dafür eine Belohnung gibt, **das** kann sich der kleine Kater aber abschminken. Aber es ist gut, **dass** es **das** noch für andere Dinge gibt.

## Relativsätze – *das* oder *dass* (B)   Seite 23

❶

| Aussage | richtig | falsch |
|---|---|---|
| *Das* kann ein Artikel sein. | X | |
| *Das* kann ein Relativpronomen sein und wird mit einem s geschrieben. | X | |
| *Dass* kann ein Relativpronomen sein und wird mit ss geschrieben. | | X |
| *Dass* leitet einen Hauptsatz ein. | | X |
| *Dass* steht häufig nach Verben des Denkens, Fühlens oder Sagens (z. B. Ich glaube, *dass* … Ich meine, *dass* …). | X | |
| Kannst du *das* durch *welches* oder *dieses* ersetzen, schreibst du *das*. | X | |
| Vor dem *dass*-Satz steht nie ein Komma. | | X |

| Aussage | richtig | falsch |
|---|---|---|
| *Dass* kann nie durch ein anderes Wort ersetzt werden. Es handelt sich um eine Konjunktion. | X | |
| Die Konjunktion *dass* leitet einen Nebensatz ein. Im Nebensatz steht das Verb am Ende. | X | |

❷ a) **Das** Handy ist neu.
b) Ich denke, **dass** dein neues Handy sehr teuer war.
c) Ich glaube, **dass das** Handy eine extra Versicherung braucht.
d) Es nervt mich schon lange, **dass** ich ein altes Handy habe.
e) **Das** Kind, **das** in meiner Straße wohnt, hat **das** neuste Handymodell.
f) **Das** ist **das** Handy, **das** ich mir immer gewünscht habe.
g) **Das** hätte ich nicht gedacht, **dass** du ausgerechnet **das** haben möchtest.

❸ **Das** schlechte Gewissen
Ein neugieriges Tier, **das** in meiner Wohnung lebt, **das** auf den Namen Chip hört, ist ein kleiner Dieb. **Das** Diebesgut, **das** er am Tag zuvor entwendet hatte, wurde freiwillig herausgegeben. Er dachte, **dass das** Handy ein tolles Spielzeug sei. Sein Frauchen, **das das** Gerät bereits als vermisst gemeldet hat, kann das alles nicht fassen. Doch warum gab er **das** Handy wieder zurück? War ihm **das** etwa zu anstrengend? Schließlich hatte das besorgte Frauchen ständig angerufen, um **das** verlegte Handy wieder zu finden. Vielleicht plagte ihn aber doch **das** schlechte Gewissen. **Dass** es dafür eine Belohnung gibt, **das** kann sich der kleine Kater aber abschminken. Aber es ist gut, **dass** es **das** noch für andere Dinge gibt.

## Vorgangsbeschreibung – Rezept (A)   Seite 24

❷ Notiere zunächst alle <u>Zutaten</u> und <u>Küchengeräte</u>, die man benötigt.

| Zutaten | Küchengeräte |
|---|---|
| 2 Biozitronen | Zitronenpresse |
| 4 Zweige Rosmarin | Reibe |
| 1200 g Brokkoli | 1 große Schüssel |
| 500 g Hähnchenbrustfilet | 2 kleine Schüsseln |
| 4 EL Olivenöl | 1 kleiner Teller |
| Salz | Messer |
| Pfeffer | Schneidebrett |
| 800 g Gnocchi (aus dem Kühlregal) | 1 größere Schüssel |
| | Hackbeil |
| | 2 Pfannen |
| | Pfannenwender |
| | Kochtopf |
| | Kochlöffel |
| | 2 große Löffel |
| | 1 Sieb |

❸ *Individuelle Schülerlösungen, z. B.:*

Für das Rezept „Zitronen-Hähnchen mit Rosmarin-Gnocchi" benötigt man für vier Personen folgende Zutaten sowie Küchengeräte:

# Lösungen

Zutaten:
2 Biozitronen
4 Zweige Rosmarin
1200 g Brokkoli
500 g Hähnchenbrustfilet
4 EL Olivenöl
Salz
Pfeffer
800 g Gnocchi (aus dem Kühlregal)

Küchengeräte:
Zitronenpresse
Reibe
1 große Schüssel
2 kleine Schüsseln
1 kleiner Teller
Messer
Schneidebrett
1 größere Schüssel
Hackbeil
2 Pfannen
Pfannenwender
Kochtopf
Kochlöffel
2 große Löffel
1 Sieb

Zuerst werden die zwei Biozitronen heiß abgewaschen und anschließend abgetrocknet. Danach wird die Schale mit einer Reibe fein abgerieben. Die Zitronenschale wird in einer kleinen Schüssel aufbewahrt. Der Saft der Zitrone wird in eine andere Schüssel ausgepresst.
Als Nächstes wäscht man die vier Zweige Rosmarin, trocknet sie ab, zupft die Nadeln ab und hackt diese mit einem Hackbeil auf einem Schneidebrett klein. Der klein gehackte Rosmarin wird auf einem kleinen Teller aufbewahrt.
Nun werden 1200 g Brokkoli gewaschen, geputzt, klein geschnitten und danach in eine Schüssel gegeben.
Jetzt werden die 500 g Hähnchenfilet kalt abgewaschen, abgetrocknet sowie mit Salz und Pfeffer gewürzt. Anschließend stellt man den Herd auf Stufe 4 und erhitzt einen Esslöffel Olivenöl in der Pfanne. Die Filets gibt man in die Pfanne, brät sie von beiden Seiten gut an und lässt sie bei geringer Hitze ca. 10 Minuten garen. Dafür schaltet man den Herd auf die Stufe 2 hinunter. Dabei muss man die Filets mehrmals wenden.
Währenddessen wird in einem Topf das Wasser für den Brokkoli erhitzt. Dafür stellt man den Herd auf Stufe 6, fügt dem Wasser Salz hinzu und dünstet das Gemüse für ca. 5–10 Minuten.
Gleichzeitig werden in einer weiteren Pfanne die Gnocchi vorbereitet. Dafür erhitzt man 1 Esslöffel Öl und gibt die 800 g Gnocchi und den gehackten Rosmarin dazu. Das Ganze wird für 5–10 Minuten bei mittlerer Hitze leicht angebraten. Den Herd stellt man dabei auf Stufe 4.
Abschließend muss man nur noch den Zitronensaft und die Zitronenschale dem Hähnchen in der Pfanne hinzufügen, die Platte mit den Brokkoli ausschalten und diesen in ein Sieb abgießen.

Zum Schluss stellt man auch die anderen beiden Herdplatten aus und richtet mithilfe eines Pfannenwenders sowie Servierlöffeln die Teller mit dem Hähnchenfilet, dem Brokkoli und den Gnocchi schmackhaft an.

**Bewertungskriterien einer Vorgangsbeschreibung**

a) **Aufbau und Inhalt**
   Gliederung: Einleitung – Hauptteil – Schluss
   *Einleitung:* Name des Rezeptes – Zutaten und Küchengeräte
   *Hauptteil:* Die einzelnen Vorgänge werden genau, sachgerecht und in der richtigen Reihenfolge beschrieben
   *Schluss:* Fertiges Gericht wird angerichtet – Abschlusssatz

b) **Sprachlicher Ausdruck**
   sachliche Sprache – Präsens – richtige Fachbegriffe – genaue und verständliche Formulierungen – einheitlicher Adressatenbezug („man-Form" oder „du-Form") – abwechslungsreiche Verknüpfungswörter am Satzanfang (als Erstes, jetzt, sobald …)

c) **Rechtschreibung und Zeichensetzung**

## Vorgangsbeschreibung – Rezept (B)   Seite 26

❷ *Individuelle Schülerlösungen, s. Lösung Vorgangsbeschreibung (A), Nr. 3*

## Inhaltsangabe (A)   Seite 29

❷

| Überschrift | Zeilenangaben |
|---|---|
| Der Weihnachtsabend im nächsten Jahr | Z. 24 – Z. 29 |
| Die Ankunft des Bären und des Mannes bei Halvor | Z. 1 – Z. 6 |
| Der Besuch und die Flucht der Trolle | Z. 16 – Z. 23 |
| Ein Schlafquartier ist gefunden | Z. 7 – Z. 12 |
| Halvors Auszug und seine Vorbereitungen | Z. 13 – Z. 15 |

❸ a) Der Bär ist weiß und groß und ist von einem Mann gefangen worden.
b) Der Mann möchte den Bären dem König von Dänemark bringen.
c) Halvor zögert, weil er weiß, dass auch an diesem Weihnachtsabend wieder viele Trolle kommen werden und sein Haus dann so voll ist, dass kein Platz für ihn und somit auch nicht für die Gäste vorhanden ist.
d) Die Trolle flüchten aus dem Haus, weil sie Angst vor dem Bären haben. Der Bär brummt sie an und jagt alle aus dem Haus, nachdem ein junger Troll ihn als Kätzchen bezeichnet und ihm ein Stück Wurst angeboten hat.
e) Halvor trickst die Trolle aus, indem er ihnen erzählt, dass die große Katze immer noch bei ihm lebe und sieben Junge bekommen habe.
f) Das Märchen heißt „Das Kätzchen auf Dovre", weil die Trolle den Bären für ein Kätzchen halten und der Bär sich im Ort Dovrefjeld aufhält.

# Lösungen

**4** *Wer?* Mann aus Finnmarken, Bär, Halvor und die Trolle
*Wo?* Dovrefjield
*Wann?* Weihnachtsabend
*Was?* Die Trolle überfallen jedes Jahr am Weihnachtsabend das Haus von Halvor. Mit Hilfe seiner Übernachtungsgäste, dem Mann und seinen Bären, gelingt es Halvor, dass die Trolle nie wieder am Weihnachtsabend bei ihm einfallen.
*Wie?* Am Weihnachtsabend erschreckt der Bär die Trolle und jagt sie alle aus dem Haus. Im nächsten Jahr überlistet Halvor die Trolle, indem er ihnen erzählt, dass das „Kätzchen" immer noch bei ihm wohnt und sieben Junge bekommen hat.
*Warum?* Die Trolle haben Angst vor dem „Kätzchen" und seinen Jungen.

**5**

| Aussagen | richtig | falsch |
|---|---|---|
| Die Inhaltsangabe wird im Präteritum geschrieben. | | X |
| Die Inhaltsangabe soll den Leser unterhalten. | | X |
| Man verwendet beim Schreiben einer Inhaltsangabe eine sachliche Sprache. | X | |
| Man übernimmt Formulierungen aus der Textvorlage wörtlich. | | X |
| Direkte Rede muss in indirekte Rede umgewandelt werden. | X | |

**6** *Individuelle Schülerlösungen, z. B.:*
Das Märchen „Das Kätzchen auf Dovre" erzählt von Halvor, der jedes Jahr am Weihnachtsabend von Trollen belästigt wird. Durch den Besuch eines Bären und eine Lüge schafft es Halvor, die Trolle für immer von seinem Haus fernzuhalten.
Am Weihnachtsabend bittet ein Mann aus Finnmarken für sich und seinen gefangenen Bären bei Halvor in Dovrefjield um ein Nachtquartier. Dieser zögert zunächst, weil er weiß, dass sein Haus in dieser Nacht wie jedes Jahr von vielen Trollen überfallen wird. Er selbst findet dann keinen Platz mehr in seinem eigenen Haus und flüchtet vor ihnen. Halvor erlaubt dem Gast jedoch, mit seinem Bären bei ihm zu übernachten, aber er selbst zieht aus. Der Tisch ist mit allerlei Leckereien bereits für die Trolle gedeckt.
Diese kommen und genießen das Essen und Trinken, bis ein Troll den Bären entdeckt, den er für eine Katze hält, und ihn anspricht. Der Bär erschreckt die Trolle mit seinem Brummen so sehr, dass diese die Flucht ergreifen.
Im folgenden Jahr trifft Halvor einen Troll im Wald, der von ihm wissen möchte, ob „die Katze" immer noch bei ihm sei. Halvor erzählt, dass diese nun mit sieben Jungen bei ihm lebe, die noch größer und böser seien als sie. Seit dieser Begegnung besuchen die Trolle Halvor nie wieder.

**Bewertungskriterien einer Inhaltsangabe**
a) **Der Aufbau und Inhalt der Inhaltsangabe**
Gliederung: Einleitung – Hauptteil – Schluss
*Einleitungssatz*

*Hauptteil:* Ereignisse in richtiger Reihenfolge, richtige Textwiedergabe, wichtige Handlungsschritte werden herausgefiltert
*Schluss:* persönliche Meinung zum Text
b) **Sprachlicher Ausdruck**
sachlicher Schreibstil, eigenständige Formulierungen, Präsens, richtige Anwendung der indirekten Rede
c) **Rechtschreibung und Zeichensetzung**

## Inhaltsangabe (B) — Seite 32

**2**

| Zeilenangaben | Überschrift |
|---|---|
| Z. 1 – Z. 6 | *Individuelle Schülerlösung (Möglichkeiten siehe Lösung A)* |
| Z. 7 – Z. 12 | |
| Z. 13 – Z. 15 | |
| Z. 16 – Z. 23 | |
| Z. 24 – Z. 29 | |

**3** s. Lösung Inhaltsangabe (A), Nr. 4

**4** *Einleitung:* Textsorte, Titel, Name des Autors, Kernaussage
*Hauptteil:* Zusammenfassung wichtiger Sinnabschnitte unter Beachtung der richtigen Reihenfolge
*Schluss:* persönliche Meinung zum Text

**5** **Nenne drei wichtige sprachliche Aspekte beim Schreiben einer Inhaltsangabe.**
*Individuelle Schülerlösung, z. B.:*
Sachliche Sprache, Präsens, eigenständige Formulierungen Verwendung der indirekten Rede

**6** *Individuelle Schülerlösungen, s. Lösung Inhaltsangabe (A), Nr. 6*

## Zeitungsbericht – Überarbeitung (A und B) — Seite 34/36

_____ = grün    ......... = blau    ◯ = gelb

**2** a) <u>Bombendrohung eines verzweifelten Familienvaters</u>
Einsatz: 1 000 Polizeibeamte in Alarmbereitschaft Hessencenter, Frankfurt am Main. <u>Gestern</u>, am ⑲ August 2013 <u>kommt</u> es zu einem Spezialeinsatz des Frankfurter Sprengstoffpürschweins Billy. <u>Gestern kommt</u> es am späten Vormittag zu einem anonymen Anruf bei der ⓑ erliner ⓑ Polizei. Über 10 000 Frankfurter <u>werden dazu aufgefordert,</u> sofort ihre Wohnungen zu verlassen. Das gesamte Einkaufszentrum <u>wird</u> sofort vorsorglich evakuiert. <u>Dann kam noch Billys großer Auftritt. Dann gab Billy Entwarnung</u>: Der speziell ausgebildete <u>Sprengstoffspürhund kann</u> keine Bombe finden. <u>„Trotzdem haben wir das Gebiet weiträumig abgesichert. Das ist kein Spaß!"</u>, betont der Pressesprecher der Frankfurter Polizei. <u>Plötzlich verfolgt</u> Billy einen interessierten Beobachter des <u>Polizeieinsatzes.</u> Beamte <u>finden</u> in der Tasche des Mannes tatsächlich Sprengstoff. <u>Zum Glück endet</u> der Einsatz ohne Verletzte. Der Täter <u>ist</u> ein hoch

# Lösungen

verschuldeter Familienvater, der mit dem geforderten Lösegeld von <u>zwei Millionen</u> Euro vor allem <u>sein Haus abbezahlen wollte</u>. <u>Billy erhält zur Belohnung eine Pizza</u>. <u>Billy ist</u> zur Zeit das einzige Sprengstoffspürschwein in Hessen, das die Polizei <u>mit seiner Nase</u> erfolgreich unterstützt.

❸ a)
- Wann? 17. August 2013
- Wo? Hessencenter, Frankfurt am Main
- Wer? Familienvater als Täter, Polizei, Billy das Sprengstoffspürschwein
- Was? anonyme Bombendrohung in einem Einkaufszentrum, Polizeieinsatz
- Warum? Täter hoch verschuldet
- Welche Folgen? keine Verletzung, Überführung des Täters

b) *Individuelle Schülerlösung* unter Berücksichtigung der W-Fragen sowie den Kriterien für einen sachlichen Bericht. *Beispiellösung:*

Kurzbericht: (A)
Am 17. August 2013 erhielt die Frankfurter Polizei eine anonyme Bombendrohung für das Hessencenter. Das Einkaufszentrum und nahe gelegene Häuser wurden sofort vorsorglich geräumt. Das Sprengstoffspürschwein Billy konnte jedoch vor Ort keine Bombe finden, überführte aber einen Beobachter des Polizeieinsatzes, der tatsächlich Sprengstoff in seiner Tasche hatte. Hintergrund der Tat waren hohe Schulden des Familienvaters.

Überarbeitung: (B)
<u>Bombendrohung eines verzweifelten Familienvaters</u>
Einsatz für das Sprengstoffspürschwein Billy im Hessencenter, Frankfurt am Main. Am 17. August 2013 kam es zu einem Spezialeinsatz des Frankfurter Sprengstoffspürschweins Billy. Am späten Vormittag kam es zu einem anonymen Anruf bei der Frankfurter Polizei. Über 10 000 Frankfurter wurden aufgefordert, sofort ihre Wohnungen zu verlassen. Das gesamte Einkaufszentrum wurde sofort vorsorglich evakuiert. Das speziell ausgebildete Sprengstoffspürschwein konnte keine Bombe finden. Billy überführte einen interessierten Beobachter des Polizeieinsatzes. Beamte fanden in der Tasche des Mannes tatsächlich Sprengstoff. Der Einsatz endete ohne Verletzte. Der Täter war ein hoch verschuldeter Familienvater, der mit dem geforderten Lösegeld sein Haus abbezahlen wollte. Zur Belohnung erhielt Billy eine Pizza. Billy ist zurzeit das einzige Sprengstoffspürschwein in Hessen, das die Polizei erfolgreich unterstützt.

## Erzähltexte erschließen –
## Ein Jugendbuchauszug (A und B)  Seite 40/42

❶ a) *Wann passierte es?* Es geschah am Mittwochabend, nach halb neun.
b) *Wo passierte es?* Im Wohnzimmer der Familie Pig.
c) *Was genau passierte?* Beim gemeinsamen Fernsehen störte Martyns alkoholisierter Vater durch Zwischenrufe seinen Sohn. Dieser ermahnte ihn daraufhin etwas aggressiver, sodass sich der Vater provoziert fühlte und handgreiflich gegenüber seinem Sohn werden wollte. Beim Angriff verteidigte sich Martyn lediglich, wodurch sein Vater jedoch unglücklich stürzte, mit dem Kopf gegen die Wand prallte und schließlich dabei starb.
c) *Warum kam es zum Streit?* Martyn fühlte sich von seinem betrunkenen Vater stark gestört, sodass er diesen anschrie.

❷ a) Martyn und sein Dad schauten an einem *Mittwochabend* zusammen die Serie *Inspektor Morse* an.
b) Martyns Dad hat *Alkohol* getrunken und stört durch laute Zwischenrufe seinen Sohn beim Fernsehen.
c) Schließlich ist Martyn so wütend, dass er *seinen Vater anbrüllt, er solle endlich die Klappe halten.*
d) Nach seiner Beleidigung gegenüber seinem Dad *nimmt Martyn seine Worte zurück.*
e) (B) Martyn *beruhigt sich wieder, sein Vater fühlt sich jedoch so provoziert, dass er ihn schlagen möchte.*
f) (B) Martyn *schaltet* nach der Auseinandersetzung mit seinem betrunkenen Vater *den Fernseher aus.*

❸ Absatz 1: Martyn ist von seinem Vater genervt, versucht ihn aber zu ignorieren.
Absatz 2: Martyn ist immer mehr von seinem Vater genervt, der den Film zunehmend stört.
Absatz 3: Martyns Vater benimmt sich unmöglich und ist sehr laut, sodass Martyn der Serie nicht mehr folgen kann und sehr sauer ist.
Absatz 4: Martyn ist so wütend, dass er seinen Vater anbrüllt und ihn auffordert, die Klappe zu halten. Seine Provokation bereut er jedoch im nächsten Moment und wiederholt sie nicht.
Absatz 5: Martyns Vater kann mit der Kritik seines Sohnes nicht umgehen und wird gewalttätig. Martyn verteidigt sich und stößt seinen Vater, sodass dieser unglücklich stürzt und stirbt.
Absatz 6: Martyn ist geschockt und aufgewühlt, als er langsam begreift, dass sein Vater tot ist.

❹ (A) / ❺ (B) *Individuelle Schülerlösung*
- Beurteilungskriterien:
- Ich-Perspektive
- Gedanken und Gefühle
- logische Abfolge/Reihenfolge
- passender Schluss/Lösung
- Nutzung treffender Adjektive und Verben
- durchgängige Nutzung des Präteritums
- Beachtung der korrekten Rechtschreib- und Grammatikregeln

❹ (B) *Individuelle Schülerlösung. Beispiel:*
Die Stille macht Martyn deutlich, dass sein Vater nicht mehr da ist und nun in seinem Leben mehr Ruhe einkehren könnte. Schließlich kann seine Vater ihn nun nie wieder nerven. Die Stille könnte aber auch unerträglich für ihn sein, denn nun weiß er sicher, dass sein Vater tot ist.

## Lösungen

### Sachtexte erschließen (A) — Seite 44

**❷**

| Überschriften der Sinnabschnitte | Zeilen |
|---|---|
| Urlaubsaktivitäten | Z. 9 – Z. 18 |
| Reiseziele der Deutschen | Z. 19 – Z. 26 |
| Steigende Reiselust bei sinkender Reisedauer | Z. 1 – Z. 8 |
| Urlaub – eine finanzielle Frage | Z. 27 – Z. 30 |

**❸** essen gehen, kulturelle Ausflüge in der Umgebung, am Strand oder in den Bergen spazieren gehen
  a) Die Befragten sind mindestens 14 Jahre alt.
  b) Der Hauptgrund ist die kurze Anreise.
  c) Es verreisen im Vergleich zu früher immer mehr Menschen. Jedoch hat sich die Reisedauer um gut 6 Tage verkürzt.

**❺** Deutsche Urlauber ...
  • ... reisen am liebsten nach Spanien.
  • ... bevorzugen Kurzurlaube.
  • ... verbinden mit Urlaub vor allem Entspannung am Strand.

**❻** *Individuelle Schülerlösung*

### Sachtexte erschließen (B) — Seite 45

**❷** Der Text stellt das Urlaubsverhalten der Deutschen 2013 dar. Dabei werden neben Urlaubsaktivitäten und beliebten Urlaubszielen auch die Kosten der Urlaube dargestellt.

**❸** *Individuelle Schülerlösung, z. B.:*

| Zwischenüberschrift | Zeilen |
|---|---|
| Steigende Reiselust bei sinkender Reisedauer | Z. 1 – Z. 8 |
| Urlaubsaktivitäten | Z. 9 – Z. 18 |
| Reiseziele der Deutschen | Z. 19 – Z. 26 |
| Urlaub – eine finanzielle Frage | Z. 27 – Z. 30 |

**❹** Argumentation sollte folgende Punkte beinhalten: kurze Anreise – Vielfältigkeit der Natur – viele kulturelle Angebote – eigene Sprache – gewohntes Essen

**❺** a) Die Befragten sind mindestens 14 Jahre alt.
  b) Es verreisen im Vergleich zu früher immer mehr Menschen. Jedoch hat sich die Reisedauer um gut sechs Tage verkürzt.

**❻** Deutsche Urlauber ...
  • ... reisen am liebsten nach Spanien.
  • ... bevorzugen Kurzurlaube.
  • ... verbinden mit Urlaub vor allem Entspannung am Strand.

**❼** a) Sie fahren nach Barcelona, denn dort sind es durchschnittlich 25 Grad im September.
  b) In Barcelona sind Juli und August die heißesten Monate. In Wasserburg ist der Monat Juli durchschnittlich der heißeste Monat.

### Lyrische Texte – Balladen (A) — Seite 48

**❷**

| Strophe | Überschrift |
|---|---|
| 4 | Panik der Passagiere |
| 1 | John Maynard – ein heldenhafter Steuermann |
| 5 | Der Befehl des Kapitäns |
| 7 | Ankunft der Schwalbe |
| 3 | Ausbruch des Feuers |
| 8 | Die Beerdigung |
| 2 | Der Beginn der Reise |
| 6 | Der Steuermann hält den Kurs auf den Strand |
| 9 | Das Grab von John Maynard |

**❸**

| | |
|---|---|
| | Der Verfasser der Ballade ist John Maynard. |
| | „Theodor Fontane" ist der Untertitel der Ballade. |
| X | In der Ballade geht es um ein Schiffsunglück. |
| X | Der Name des Schiffes ist „Schwalbe". |
| | Das Schiff ist auf dem Meer unterwegs. |
| | Das Schiff kann fliegen. |
| | Das Unglück ereignet sich auf dem Weg von Buffalo nach Detroit. |
| X | Auf dem Schiff bricht ein Feuer aus. |
| | Die Passagiere bleiben in ihren Kabinen. |
| X | Der Steuermann bekommt den Befehl vom Kapitän, das Schiff in die Brandung zu steuern. |
| | Das Schiff wird dabei nicht zerstört. |
| | Alle Passagiere und Besatzungsmitglieder werden gerettet. |

**❹** a) Der Kapitän, der Steuermann und die Passagiere kommen in der Ballade vor.
  b) Das Ereignis findet auf dem Eriesee statt. Das Schiff befindet sich auf dem Weg von Detroit nach Buffalo.
  c) Der Steuermann John Maynard rettet durch sein Handeln bei einem Schiffsunglück alle Passagiere und Besatzungsmitglieder. Er selbst stirbt dabei.
  d) Auf dem Schiff bricht ein Feuer aus.
  e) Die Passagiere sind panisch und drängen sich dicht am Burgspriet. Der Kapitän befiehlt dem Steuermann, weiter auf den Strand von Buffalo Kurs zu halten, und John Maynard steuert das Schiff in die Brandung.
  f) Das Schiff ist zerstört, alle Passagiere und Besatzungsmitglieder überleben und John Maynard stirbt.

# Lösungen

**❺**

| Aussage | richtig | falsch |
|---|---|---|
| Das Wort Ballade leitet sich von dem lateinischen Wort „ballare" (= tanzen) ab. | X | |
| Balladen sind wie Märchen aufgebaut. | | X |
| Goethe bezeichnete die Ballade als „Ur-Ei" der Dichtung. | X | |
| Eine Ballade wirkt wie eine Erzählung (epische Elemente). | X | |
| Balladen bestehen aus Strophen. | X | |
| Die Strophen einer Ballade bestehen aus Zeilen. | | X |
| In einer Ballade kommen Monologe und Dialoge vor (dramatische Elemente). | X | |
| Balladen haben die Form von Gedichten (lyrische Elemente). | X | |

**❻** *Individuelle Schülerlösung, z. B.:*
Strophe 2, Vers 16–17, Strophe 4, Vers 28, Strophe 5, Vers 34–37

## Lyrische Texte – Balladen (B)      Seite 50

**❷** *Individuelle Schülerlösungen, s. Lösung Lyrische Texte – Balladen (A), Nr. 4*

**❸** *Individuelle Schülerlösungen, s. Lösung Lyrische Texte – Balladen (A), Nr. 3*

**❹** a) *„Die ‚Schwalbe' fliegt über den Eriesee"*
Das Schiff namens Schwalbe fährt zügig (wie im Flug) über den Eriesee.
b) *„Gischt schäumt um den Bug wie Flocken von Schnee."*
Wenn das Meerwasser gegen Bug des Schiffes trifft, bildet sich Gischt. Das weißliche Gemisch aus Wasser und Luft wird bildhaft mit Schneeflocken verglichen.

**❺**

| Aussage | richtig | falsch |
|---|---|---|
| Das Wort Ballade leitet sich von dem lateinischen Wort „ballare" (= tanzen) ab. | X | |
| Balladen sind wie Märchen aufgebaut. | | X |
| Balladen gibt es sei der Neuzeit. | | X |
| Goethe bezeichnete die Ballade als „Ur-Ei" der Dichtung. | X | |
| Eine Ballade weist epische Elemente auf. | X | |
| Dramatische Elemente kommen in einer Ballade nicht vor. | | X |
| Monologe sind ein dramatisches Element. | X | |
| In einer Ballade kommen keine Dialoge vor. | | X |
| Zu den epischen Elementen gehören Strophen, Versform und Reime. | | X |
| Balladen sind Erzählgedichte. | X | |
| Lyrische Elemente sind ein Merkmal von Balladen. | X | |

**❻** *Beispiellösung:*
*Epische Elemente:* In der Ballade wird die Geschichte eines Schiffsunglücks erzählt. Bei diesem tragischen Ereignis werden alle gerettet, nur der heldenhafte Steuermann überlebt das Unglück nicht.
*Lyrische Elemente:* Die Ballade besteht aus neun Strophen, 63 Versen und ist in Reimform geschrieben (Paarreim); Vergleiche, sprachliche Bilder
*Dramatische Elemente:* Es kommen Dialoge vor (z. B. Vers 34–37), anschauliche und lebendige Beschreibungen (z. B. Strophe 3).

# Lösungen

## Groß- und Kleinschreibung (A)  Seite 52

❶ *Individuelle Schülerlösung, z. B.:* beim Satzanfang, Nomen werden immer großgeschrieben usw.

❷ a)

| | |
|---|---|
| Nominalisierte Verben werden kleingeschrieben. | |
| Verben werden großgeschrieben. | |
| Adjektive werden kleingeschrieben. | X |
| Nominalisierte Adjektive werden großgeschrieben. | X |
| Vor nominalisierten Verben und Adjektiven stehen Signalwörter. | X |

b) *Individuelle Schülerlösung, z. B.:* beim, zum, ins, viel, etwas, nichts, der/die/das

❸ Spannende Sportspiele
Beim Laufen, Schwimmen und Radfahren soll sich das Trainieren der letzten Monate auszahlen. Das Allerschwerste ist heute die Hitze. Bereits morgens sind es 20 Grad. Dennoch bieten die Wettkämpfe allerlei Spannendes. Die richtige Einteilung der Kräfte ist wichtiger als schnelles Spurten. So war der Langsamste am Ende der erste Läufer im Ziel.
Das Schwimmen geht in die Armmuskulatur. An diesem Mittwoch ist das Überraschendste, dass Lena als Erste das Schwimmbecken verlässt. Beim Üben war ihre Leistung ein ständiges Auf und Ab. Doch nun denkt sie nur ans Gewinnen. Ähnlich wie bei den Olympischen Spielen stehen Gemeinschaft, Unterhaltung sowie die Berücksichtigung der Spielregeln im Vordergrund.

❹ a) Eigenname b) nominalisiertes Adjektiv, Signalwort: etwas c) nominalisiertes Verb, Signalwort: beim

❺ Als Maria eines Morgens aufwachte, war alles ganz anders. Olaf ist angst und bange.

## Groß- und Kleinschreibung (B)  Seite 54

❶ *Individuelle Schülerlösung, z. B.:* beim Satzanfang, Nomen werden immer großgeschrieben, Eigennamen usw.

❷ a) *Individuelle Schülerlösung, z. B.:* beim, zum, ins, viel, etwas, nichts, der/die/das
b) *Individuelle Schülerlösung*

❸ Spannende Sportspiele
Am frühen Morgen gibt es eine letzte Versammlung aller sportbegeisterten Klassen. Beim Laufen, Schwimmen und Radfahren soll sich das Trainieren der letzten Monate auszahlen. Das Allerschwerste ist heute die Hitze. Bereits morgens sind es 20 Grad. Dennoch bieten die Wettkämpfe allerlei Spannendes. Die richtige Einteilung der Kräfte ist wichtiger als schnelles Spurten. So war der Langsamste am Ende der erste Läufer im Ziel.
Das Schwimmen geht in die Armmuskulatur. An diesem Mittwoch ist das Überraschendste, dass Lena als Erste das Schwimmbecken verlässt. Beim Üben war ihre Leistung ein ständiges Auf und Ab. Doch nun denkt sie nur ans Gewinnen. Ähnlich wie bei den Olympischen Spielen stehen Gemeinschaft, Unterhaltung sowie die Berücksichtigung der Spielregeln im Vordergrund. Der Wettkampf ist vom Allerfeinsten. Das Radfahren bietet einen spannenden Höhepunkt. Welche Leistungen waren am Ende des Tages am Erfolgreichsten?

❹ a) Wir thematisieren in unserer Projektwoche den Zweiten Weltkrieg. Begründung: Eigenname
b) Musik zu machen ist etwas Wunderbares. Begründung: nominalisiertes Adjektiv, Signalwort: unbestimmte Mengenangabe
c) Beim Rennen hat sie ihren Schuh verloren. Begründung: nominalisiertes Verb, Signalwort: Präposition mit einem verschmolzenen Artikel
d) Als Maria eines Morgens aufwachte, war alles ganz anders. Begründung: Zeitangabe ist ein Nomen im Genitiv.
e) Olaf ist angst und bange. Begründung: *angst* und *bange* in der Verbindung mit „sein" schreibt man immer klein. Adverb.

## Lange Vokale (A)  Seite 56

❶ Nach langem **a, e, o, u** folgt manchmal ein **h**.
Das lange **i** wird in der Regel als **ie** geschrieben.
Das lange **i** wird nur in den Pronomen als **ih** geschrieben.
Wörter mit **ieh** kommen besonders selten vor.
In Fremdwörtern wird das lange **i** meistens als **i** geschrieben.

❷

| Fahne | Hof | Sahne | Blume | Sehne |
|---|---|---|---|---|
| Magen | Zug | Leber | Mohn | Mut |

❸

| Fieber | Risiko | Riesenrad | fliegen | Giftzwerg |
|---|---|---|---|---|
| Kiesel | Schiedsrichter | Gips | Nibelungenlied | Rille |

❹ Sie gießt für ihren Nachbarn die sieben Pflanzen in seiner Diele.
Die Kinder besuchen das Mahndenkmal zum ersten Mal.
Der Kaffee schmeckt ihm besonders gut.
Viele Schüler blieben wegen des Regens unter dem Dach auf dem Hof.

## Lange Vokale (B)  Seite 57

❶

| Aussage | richtig | falsch |
|---|---|---|
| Nach langem **a, e, o, u** folgt immer ein **h**. | | X |
| Lange Vokale werden nie verdoppelt. | | X |
| Oft sind die langen Vokale gar nicht besonders gekennzeichnet. | X | |
| Das lange **i** wird in der Regel als **ie** geschrieben. | X | |
| Das lange **i** wird nie als **ieh** geschrieben. | | X |
| Wörter mit **ieh** kommen besonders selten vor. | X | |

8. Klasse

## Lösungen

| Aussage | richtig | falsch |
|---|---|---|
| In Fremdwörtern wird das lange **i** meistens als **ie** geschrieben. |  | X |
| Das lange **i** wird nur in den Pronomen als **ih** geschrieben. | X |  |
| Die langen Vokale **a, e, o** können auch als Doppelvokal geschrieben werden. | X |  |

❷ s. Lösung Lange Vokale (A), Nr. 2

❸ 
| Fieber | ihrem | Viehzüchter | fliegen | Giftzwerg |
|---|---|---|---|---|
| Kiesel | Schiedsrichter | Gips | Nibelungenlied | Rille |

❹ s. Lösung Lange Vokale (A), Nr. 4

### Ableiten und Verlängern (A)     Seite 58

❶ Richtig:
- Um herauszufinden, ob man ä oder e schreibt, sucht man ein verwandtes Wort mit a oder e.
- Verwandte Wörter zeigen dir, ob du ä/e oder äu/eu schreibst.
- Für manche Wörter gibt es keine Ableitung, man muss sie lernen.
- Nur sehr wenige Wörter werden mit ai geschrieben, du musst sie dir merken.

❷ a) Stelle b) Wende c) Lärche d) Häute

❸ Bärenstarke Abenteuer
Während des Sommerurlaubs klettern Einheimische nach leckeren Kokosnüssen und die Touristen faulenzen in Hängematten unter den Palmen. Eine Nuss fällt abwärts und trifft ein Mädchen am Knie. Es gibt viele exotische Gewächse in fernen Ländern. In Gewässern lauern viele Gefahren, besonders in der Dämmerung. Aber auch die Urlauber sind für die Umwelt gefährlich. Lärm und Müll sind sehr schädlich. Jeder trägt Verantwortung. Trotzdem muss man nicht ängstlich in die Zukunft blicken. Allerdings sollten wir nicht nur von einer gesunden Welt träumen, sondern dafür auch kämpfen.

❹ a) Mais b) Waisen c) Kaiser d) Hai e) Mai

### Ableiten und Verlängern (B)     Seite 59

❶ Um herauszufinden, ob man ä oder e schreibt, sucht man ein verwandtes Wort mit a oder e.

❷ a) Setze die passenden Wörter ein.

> Stelle – Ställe, Wände – Wende, Lärche – Lerche, heute – Häute, läuten – Leuten

- Ich bewerbe mich auf Ihre ausgeschriebene Stelle und bringe Erfahrung im Ställe ausmisten mit, denn ich habe ein eigenes Pferd.
- Als eine Wende der deutschen Geschichte wird der Mauerfall bezeichnet.
- Die Europäische Lärche war der Baum des Jahres 2012.
- Häute sind nach wie vor die Grundlage für Lederhandtaschen.
- Das Läuten der Kirchenglocke war früher sehr anstrengend.

b) Individuelle Schülerlösung

❸ **Setze die passenden Buchstaben ein: a/e/ä/au/eu/äu**
Bärenstarke Abenteuer
Während des Sommerurlaubs klettern Einheimische nach leckeren Kokosnüssen und die Touristen faulenzen in Hängematten unter den Palmen. Eine Nuss fällt abwärts und trifft ein Mädchen am Knie. Aus Gräsern und Kräutern wird ein Verband erstellt. Es gibt viele exotische Gewächse in fernen Ländern. In Gewässern lauern viele Gefahren, besonders in der Dämmerung. Aber auch die Urlauber sind für die Umwelt gefährlich. Lärm und Müll sind sehr schädlich. Jeder trägt Verantwortung. Trotzdem muss man nicht ängstlich in die Zukunft blicken.

❹ **Auf der Suche nach Wörtern mit ai.**
a) Mais b) Waisen c) Kaiser d) Hai e) Laie

❺ **Erkläre in eigenen Worten die folgenden Wörter:**
a) dünner Strang (aus Tierdärmen, Pflanzenfasern, Metall oder Kunststoff), der auf ein Musikinstrument gespannt und durch Streichen, Zupfen usw. in Schwingung versetzt wird und Töne erzeugt.
b) Richtungsangabe, Fläche, Papier, Charakter
c) sehr teures Gewebe bzw. teurer Stoff.

### Wortarten – Pronomen und Adverbien (A)     Seite 60

❶
| | |
|---|---|
| X | Pronomen gehören zu den Wortarten. |
|  | Pronomen sind Stellvertreter für Adjektive. |
| X | Pronomen vertreten Nomen. |
|  | Es gibt zwei Arten von Pronomen. |

❷
| 1 | Personalpronomen | 7 | wer, was, welche/-r … |
|---|---|---|---|
| 2 | Possessivpronomen | 4 | der, die, das … |
| 3 | Demonstrativpronomen | 3 | diese, der, dasjenige … |
| 4 | Relativpronomen | 2 | mein, dein, sein … |
| 5 | Indefinitpronomen | 6 | mich, dich … |
| 6 | Reflexivpronomen | 5 | jeder, man, jemand … |
| 7 | Interrogativpronomen | 1 | ich, du, er … |

❸ Ich verleihe <u>mein Buch</u>, **das** neu ist, nur ungern.
<u>Der Junge</u> schenkt seiner Freundin <u>eine Rose</u>. **Er** hat **sie** im Blumenladen um die Ecke gekauft.
<u>Die Hundetrainerin</u> startet <u>einen zweiten Kurs</u>, **der** gut besucht sein wird, da **sie** einen guten Ruf hat.
<u>Manuel</u> hat <u>Susanne</u> nach der Schule <u>ein Eis</u> versprochen, **er** möchte **es ihr** schenken.

## Lösungen

**4** Beim Umzug treffen Karsten und Sabine frühere Nachbarn. **Diese** erkennen **sie** nicht sofort. Beim Essen kommen alle Umzugshelfer dann ins Gespräch. **Es** verläuft sehr lustig. Frauke, die frühere Nachbarin, unterhält die gesamte Umzugsmannschaft mit ihren Anekdoten. **Sie** steht damit im Mittelpunkt. Wie früher gibt **ihr** Mann den Umzugshelfern gute Ratschläge. **Diese** werden von **ihnen** aber mehr oder weniger ignoriert.

**5**

| X | Adverbien sind Umstandswörter, die **unflektierbar** sind. |
|---|---|
|   | Modale Adverbien sind u.a. **hier, draußen, oben**. |
| X | Kausale Adverbien sind u.a. **deshalb, nämlich, darum**. |
|   | Es gibt keine lokalen Adverbien. |
|   | Temporale Adverbien sind u.a. **gern, leider, sehr**. |

**6**
a) Die Hütte von unserem Wachhund steht **draußen**.
b) **Heute** muss ich **ziemlich** pünktlich zu Hause sein.
c) **Nur** ungern erzähle ich von meiner Vergangenheit.
d) Die Süßigkeiten liegen **oben** auf dem Regal.
e) Mein Bruder geht **abends** früh ins Bett, **deshalb** ist er so fit.
f) **Inzwischen** haben wir uns **hier** eingelebt.

### Wortarten – Pronomen und Adverbien (B) Seite 62

**1** Pronomen sind Fürwörter/Stellvertreter für Nomen. Es gibt verschiedene Arten von Pronomen.

**2**

| Personalpronomen | ich, du, er … |
|---|---|
| Possessivpronomen | mein, dein … |
| Demonstrativpronomen | diese, der, dasjenige … |
| Relativpronomen | der, die, das … |
| Indefinitpronomen | jeder, man, jemand … |
| Reflexivpronomen | mich, dich … |
| Interrogativpronomen | wer, was, welche/-r … |

**3** s. Lösung Pronomen und Adverbien (A), Nr. 3

**4** s. Lösung Pronomen und Adverbien (A), Nr. 4

**5** Adverbien sind Umstandswörter. Sie sind unflektierbar und beschreiben in einem Satz näher, unter welchen Umständen etwas passiert.

**6**

| temporale Adverbien | manchmal, gestern, heute, immer, oft, inzwischen … |
|---|---|
| kausale Adverbien | nämlich, darum, deshalb … |
| lokale Adverbien | unten, oben, überall, hier, dort … |
| modale Adverbien | sehr, nur, leider, ziemlich, gern … |

**7** *Individuelle Schülerlösungen, z. B.:*
a) Die Hütte von unserem Wachhund steht **draußen**.
b) **Heute** muss ich **ziemlich** pünktlich zu Hause sein.
c) Ich muss mich **leider** im Verein abmelden.
d) **Nur** ungern erzähle ich von meiner Vergangenheit.
e) Die Süßigkeiten liegen **oben** auf dem Regal.
f) Mein Bruder geht **abends** früh ins Bett, **deshalb** ist er so fit.
g) Mein Vater hatte **sehr** unter der Arbeitslosigkeit gelitten.
h) **Inzwischen** haben wir uns **hier** eingelebt.

### Indirekte Rede (A) Seite 64

**1**

| | Bei der indirekten Rede wird grundsätzlich der Konjunktiv II eingesetzt. |
|---|---|
| ⊗ | Stimmt der Konjunktiv I mit dem Indikativ überein, so ist der Konjunktiv II oder die Ersatzform mit „würde" + Infinitiv einzusetzen. |
| ⊗ | Bei der Umwandlung von direkter und indirekter Rede ändern sich die Pronomen. |
| ⊗ | Der Imperativ wird mit „mögen" oder „sollen" ausgedrückt. |
| | Fragen der direkten Rede ohne Fragewort werden in der indirekten Rede mit dem Wort „warum" eingeleitet. |
| | Fragen der direkten Rede mit Fragewort werden in der indirekten Rede mit dem Wort „ob" eingeleitet. |

**2**
a) Manu sagt, er putze heute das Bad.
b) Erwin meint, er sei der beste Sportler der Klasse.
c) Tina erzählt, ihre Freundin habe zwei Hunde.
d) Lars berichtet, Lea sitze neben Kevin.
e) Der Lehrer ermahnt Lars, er solle/möge jetzt sein Englischbuch rausholen.
f) Eine Schülerin fragt, wann nach den Ferien der Unterricht beginne.
g) Lars antwortet, sie hätten zu viele Hausaufgaben auf.

### Indirekte Rede (B) Seite 65

**1** Bei der indirekten Rede wird grundsätzlich der **Konjunktiv I** eingesetzt. Stimmt dieser allerdings mit dem Indikativ überein, so ist der **Konjunktiv II** oder die Ersatzform mit „würde" + Infinitiv einzusetzen.
Bei der Umwandlung von direkter und indirekter Rede ändern sich die **Pronomen**. Diese werden in der Regel in der 1. und 2. Person der direkten Rede in die 3. Person gesetzt.
Der Imperativ wird mit **„mögen"** oder **„sollen"** umschrieben.
Fragen der direkten Rede ohne Fragewort werden in der indirekten Rede mit dem Wort **ob** eingeleitet.

**2**
a) Manu fragt, ob sie in einer Gruppe seien.
b) Erwin meint, er koche die beste Kürbissuppe.
c) Marie erzählt, ihre Eltern liefen jeden Tag 3 km im Wald.
d) Lars antwortet, sie hätten zu viele Hausaufgaben auf.
e) Jan wendet ein, er wisse das doch schon.

## Lösungen

f) Susanne fragt, wann sie in den Park gingen.
g) Der Lehrer ruft Martin zu, er solle/möge seinen Platz aufräumen.

### Der Adverbialsatz (A) — Seite 66

❶
| Aussage | richtig | falsch |
|---|---|---|
| Adverbiale Bestimmungen kann man in Adverbialsätze umwandeln. | X | |
| Aus Adverbialsätzen kann man keine adverbialen Bestimmungen machen. | | X |
| Adverbialsätze sind Hauptsätze. | | X |
| Adverbialsätze werden immer mit einer Konjunktion eingeleitet. | X | |

❷
| Bezeichnung | Frage | Konjunktionen |
|---|---|---|
| Temporalsatz | Wann? Seit wann? Wie lange? | nachdem, als, während, bis |
| Modalsatz | Auf welche Weise? Wie? | indem, ohne dass |
| Konsekutivsatz | Mit welcher Folge? | dass, sodass |
| Kausalsatz | Warum? Aus welchem Grund? | da, weil |
| Finalsatz | Mit welcher Absicht? | damit, um |
| Konditionalsatz | Unter welcher Bedingung? | wenn, falls, sofern |
| Konzessivsatz | Trotz welcher Gegengründe? | obwohl, obgleich |

❸ <u>Während wir auf die Lehrerin warteten</u>, machten wir den größten Lärm.
**Temporalsatz**
Ich räume nur mein Zimmer auf, <u>wenn ich danach noch am Computer spielen darf</u>.
**Konditionalsatz**
<u>Obwohl ich die Vokabeln gelernt hatte</u>, schrieb ich keine gute Note.
**Konzessivsatz**
Meine Schwester kocht sich einen Tee, <u>weil sie Halsschmerzen hat</u>.
**Kausalsatz**

❹ Die Kinder spielen im Wald, obwohl ein Gewitter aufzieht.
Die Klasse spart Geld, weil ihre Abschlussfahrt ins Ausland gehen soll.
Der Polstersessel wird neu bezogen, sodass meine Oma ihn dann wieder benutzen kann.

❺ Sabine muss die Verabredung absagen, da sie erkältet ist.
Weil Holger eine erfolgreiche Diät gemacht hat, passen ihm wieder seine Lieblingskleidungsstücke.
Familie Banz sucht Rat beim Mieterschutzbund, weil ihre Miete überraschend erhöht wurde.
Die Ansteckungsgefahr kann verringert werden, indem man die Hände richtig wäscht.

### Der Adverbialsatz (B) — Seite 68

❶ **Adverbiale Bestimmungen** kann man in Adverbialsätze umwandeln. **Umgekehrt** funktioniert die Umwandlung auch. Adverbialsätze treten immer als **Nebensätze** auf. Sie beschreiben **Umstände eines Geschehens** näher. Sie werden mit einem **Komma** vom Hauptsatz getrennt. Eingeleitet wird der Adverbialsatz immer durch ein **Konjunktion**.

❷ s. Lösung Der Adverbialsatz (A), Nr. 2

❸ Individuelle Schülerlösungen

❹ s. Lösung Der Adverbialsatz (A), Nr. 4

❺ s. Lösung der Adverbialsatz (A), Nr. 5

### Textsortenumwandlung – Perspektivisches Schreiben (A und B) — Seite 70/72

Individuelle Schülerlösungen, Checkliste:
✓ in der Ich-Form aus der Sicht einer Figur
✓ Verwendung des Präsens
✓ Gedanken und Gefühle werden dargestellt.
✓ Kurze unvollständige Sätze und Gedankensprünge sind möglich (Ja mach ich. Ich mach es doch gleich. Jawohl! Okay.).
✓ Verwendung von Fragen und Ausrufen
✓ abwechslungsreiche Verben und Adjektive
✓ abwechslungsreiche Satzanfänge

### Argumentation (A und B) — Seite 73/74

❶ Facebook erst ab 13!
Internetzugang ist heute fast überall möglich – PC, Notebook, Spielekonsolen, Fernseher, Smartphones und Tablets bieten uns unterwegs und zu Hause Zugang zum Netz. Die Facebook-Nutzer werden immer jünger! Über ein Drittel der unter 10-jährigen Kinder hat schon ein Profil auf Facebook. <u>Obwohl sich Forscher sicher sind, dass zu frühes Surfen die Entwicklung von Kindern stören kann</u>, greifen Eltern nicht ein. Außerdem besteht in allen sozialen Netzwerken <u>die Gefahr, so auch auf Facebook, online gemobbt zu werden</u>. Wissenschaftliche Studien belegen, dass besonders Internetplattformen wie Facebook den Menschen Freiräume ohne Grenzen bieten und zu heftigem, andauerndem und oftmals anonymem Mobbing führen. Eltern, Lehrer und Betroffene stehen diesem Problem oftmals hilflos gegenüber. Zwar gibt es keine Garantie, dass das unter Erwachsenen nicht auch passieren kann, aber als Kind oder Jugendlicher ist man in dieser Situation besonders verunsichert und weiß sich nicht zu helfen.
Eigentlich ist die Anmeldung auf Facebook erst ab 13 Jahren möglich, jedoch werden die Altersangaben nur sehr oberflächlich überprüft. <u>Die Altersgrenze ist sinnvoll, denn jüngere Kinder tun sich schwer, verantwortungsvoll mit ihren privaten Daten umzugehen</u>. Medienberichte der letzten Jahre zeigen, dass Facebook für Massenpartys missbraucht wurde. Die Grenzen wurden dabei so überschritten, dass es zu Polizeieinsätzen kam, weil die Jugendlichen nicht verstanden, dass Einladungen mit Privatadresse nicht ins Internet gehören.

# Lösungen

❷ Mara, 15, berichtet: „Vielen Jugendlichen ist es wichtig, möglichst viele Freunde in ihrem Profil auf Facebook zu haben, **weil/da** das cool ist. Man vertraut seinen Onlinefreunden sein ganzes Leben an, **obwohl** sie fremd sind. Das finde ich gruselig, **aber** auch gefährlich.
Niemand weiß, wer bei den Onlinefreunden tatsächlich am Computer sitzt, **sodass** Experten vor dieser unterschätzen Gefahr immer wieder warnen. **Trotzdem** dürfen Internet und Facebook nicht nur negativ bewertet werden, **denn** beide haben auch Vorteile.

❸/❹ *Individuelle Schülerlösung*

## Bewerbungsschreiben (A)                   Seite 75

❷ **Tine** Baumeister *(Der Vorname sollte komplett ausgeschrieben werden.)*
Rüsselstraße *(Hier fehlt die Hausnummer.)*
*(An diese Stelle gehört kein Absatz.)*
71435 Stockhausen
Tel.: 03465-54321
martina.baumeister@web.de
Hasselberg Zoo
Waldstraße *(Hier fehlt die Hausnummer.)*
71435 Stockhausen

**Bewerbung an Herrn Sulma** *(Hier muss angegeben werden, um welche Stelle Martina Baumeister sich bewirbt.)*

**Lieber** Herr Sulma, *(An diese Stelle gehört eine formale Ansprache.)*
                     2. April 2015
*(Das Datum muss weiter rechts stehen und in Ziffern geschrieben werden: 02.04.2015)*

ich bin **Tine** *(Kompletter Vorname)* aus Stockhausen. Ich möchte bei Ihnen gerne mein Praktikum machen. Dieses findet in der Zeit vom 10. bis 28. November statt. **Geht das bei Ihnen?** *(zu umgangssprachlich)* Ich bin
13 Jahre alt und **mag die Fächer Sport und Kunst.** *(Das ist zu umgangssprachlich und hat nichts mit dem Praktikum in einem Zoo zu tun.)*

Ich finde Tiere ganz toll. Ich verbringe viel Zeit mit meinem Hund und lese gerne Bücher über Tiere. Deshalb kenne ich mich mit Tieren ganz gut aus. Als Kind war ich oft im Hasselberg Zoo und **jetzt möchte ich mein Praktikum dort machen.** *(Dies stellt keine Begründung dar und ist zudem sehr salopp formuliert.)* Ich bin Klassensprecherin *(nicht wichtig für die Bewerbung)* und setze mich gerne für andere ein. **Ich werde von den Lehrern deshalb viel gelobt. Leider komme ich manchmal zu spät zur Schule, weil ich abends noch so lange lese und dadurch zu spät schlafe.** *(Negative Aspekte gehören nicht in eine Bewerbung.)*

Ich hoffe so sehr, dass ich mein Praktikum bei Ihnen machen kann. **Bitte melden Sie sich!!!** *(zu viele Ausrufezeichen)*

**Bis bald** *(An diese Stelle gehört eine formale Verabschiedung.)*

Ihre **Tine** *(Kompletter Vorname)*

❸ **Der Hasselberger Zoo**
Der Zoo liegt am Rande von Stockhausen (<u>Postleitzahl: 71435</u>). Er ist gut mit öffentlichen Verkehrsmitteln zu erreichen. Die Linie 50 hält in der <u>Waldstraße</u>. Der Eingang befindet sich an der <u>Hausnummer 10</u>. Die Zoodirektorin heißt Frau Sang. Für die Einstellung von Praktikanten/Praktikantinnen ist <u>Herr Sulma</u> zuständig. Der Eintrittspreis für Erwachsene beträgt 8,– € und für Kinder 5,– €. Es gibt auch Jahreskarten zu erwerben. Der Zoo bietet verschiedene pädagogische Angebote an, die Besucher buchen können (z. B. eine Zoorallye, Zooführungen für Gruppen, Nachtführungen).

**Martina Baumeister**
E-Mail: martina.baumeister@web.de
Tel.: 03465-54321
Martinas Spitzname ist Tine. Sie ist <u>13 Jahre alt</u> und lebt zusammen mit ihrer Familie in der <u>Rüsselstraße 4a</u> in <u>Stockhausen</u>. Sie besucht die <u>8. Klasse des Realschulzweiges der Gesamtschule von Stockhausen</u>. Vom 10. bis 28. November findet das erste <u>Betriebspraktikum</u> statt. Sie liebt die Fächer Sport und Kunst. Große Schwierigkeiten bereiten ihr die Fächer Deutsch und Englisch. Sie möchte nach dem Realschulabschluss gerne eine weiterführende Schule besuchen und das Abitur absolvieren. Die Lehrer loben ihre <u>Verlässlichkeit</u> sowie ihre <u>Teamfähigkeit</u>. Sie übernimmt auch gern <u>Verantwortung</u> und übt zurzeit das Amt der Klassensprecherin aus. An ihrer Pünktlichkeit muss sie noch arbeiten. Sie kommt manchmal morgens zu spät in die Schule. In ihrer Freizeit liest sie viele <u>Sachbücher über Tiere</u>, geht gerne mit Freundinnen ins Kino und <u>arbeitet ehrenamtlich im Tierheim von Stockhausen</u>. Sie selbst hat einen <u>Hund als Haustier</u>, mit dem sie einmal die Woche in die <u>Hundeschule</u> geht. Ihr <u>Berufswunsch ist Tierpflegerin</u>, deshalb möchte sie die <u>Aufgabenbereiche</u> dieses Berufes durch das Praktikum näher <u>kennenlernen</u>.

❹ Martina Baumeister
Rüsselstraße 4a
71435 Stockhausen
Tel.: 03465-54321
E-Mail: martina.baumeister@web.de

Hasselberger Zoo
Waldstraße 10
71435 Stockhausen

**Bewerbung um einen Praktikumsplatz als Tierpflegerin**
Stockhausen, 1. September 2015
Sehr geehrter Herr Sulma,
ich besuche die 8. Realschulklasse der Gesamtschule in Stockhausen. Da ich mich sehr für den Beruf der Tierpflegerin interessiere, würde ich gerne vom 10. bis 28. November mein Betriebspraktikum bei Ihnen absolvieren.
Mein Interesse für Tiere ist sehr groß. Ich habe einen Hund als Haustier, um den ich mich intensiv kümmere. Einmal die Woche gehe ich mit ihm in eine Hundeschule. Das Training mit meinem Hund bereitet mir große Freude. Zudem arbeite ich ehrenamtlich im Tierheim von Stockhausen. In meiner Freizeit lese ich besonders gerne Sachbücher rund um Tiere. Ich übernehme gerne Verantwortung, bin zuverlässig und kann auch gut im Team arbeiten.

# Lösungen

Es würde mich sehr freuen, wenn ich die Möglichkeit bekäme, das Praktikum bei Ihnen zu machen. Gerne stelle ich mich Ihnen auch persönlich vor.

Mit freundlichen Grüßen

*(zusätzlich handschriftliche Unterschrift an dieser Stelle)*

Martina Baumeister

## Bewerbungsschreiben (B)        Seite 77

❶ *s. Lösung Bewerbungsschreiben (A), Nr. 3*

❷ *s. Lösung Bewerbungsschreiben (A), Nr. 4*

## Zeitungstexte – Vergleich (A und B)     Seite 78/81

❶ a)

| Merkmal | Zeitungstext |
|---|---|
| Leserinnen und Leser schreiben in Briefen oder E-Mails ihre persönlichen Meinungen und Anmerkungen zu Beiträgen der letzten Zeitungsausgabe an die Redaktion. | L |
| Dieser Zeitungsartikel informiert sachlich über Ereignisse und liefert außerdem umfassende Hintergrundinformationen. | B |
| Dieser Zeitungstext beschreibt sachlich kurz und knapp das Wichtigste der Ereignisse. | N |
| Diese Zeitungsbeiträge können Lob und Kritik sowie Zusatzinformationen zu einem gedruckten Artikel beinhalten. | L |
| Diese Zeitungsbeiträge werden in der Regel mit dem Namen und dem Wohnort des Verfassers versehen und manchmal auch von einem Kommentar des Redakteurs der Zeitung. | L |

b) *Individuelle Schülerlösung*

c) In einem **Interview** werden eine oder mehrere Personen zu einem bestimmten Thema befragt. Die Fragen und Antworten werden wie ein Gespräch aufgeschrieben. (A)
Ein **Kommentar** gibt neben den sachlichen Informationen auch die persönliche Meinung des Autors wieder. Insgesamt ist der Text persönlicher gestaltet als eine Meldung oder ein Bericht. (B)

❷ a) Das aufmerksame Ehepaar Müller rettet einem Hundebaby auf der A66 das Leben, nachdem es aus einem fahrenden Auto geworfen wurde.

b)

| Wer? | Ehepaar Müller, Polizeibeamte, kleiner Hund, unbekannte Täter |
|---|---|
| Wo? | Autobahn A66 bei Wiesbaden |
| Wann? | 28.08.2014, abends |
| Was? | Hund aus fahrendem Auto geworfen |

c) *Individuelle Schülerlösung*
→ Im Leserbrief wird die persönliche Meinung zu diesem Fall/Thema deutlich; es erfolgt ein Bezug zur Zeitungsnachricht vom 28.08.2014; Name, Alter und Wohnort werden hinzugefügt.

❸

| Immobilien | Automarkt | Flohmarkt |
|---|---|---|
| **5-Zi-Whg.** 150 qm, EBK, Balkon, 1 430,– € kalt zzgl. NK ab 01.12. Chiffre: 125-991 | **VW Polo**, Bj. 08, 60 PS, 300 Tkm, TÜV/AU bis 03/17, silber metallic, VHB 4 500,– € Tel. 01337/98732 | **Designer-Bett**, 1,80 × 2,00 m, schwarz-silber, NP 1500,– €, VHB 999,– €, Selbstabholer, Tel. 01453/122313 |

❹ b)

| Formular für Ihre private Anzeige in der Frankfurter Rundschau |
|---|
| Telefon: 066923267223. |
| Rubrik: Flohmarkt |
| ○ Angebot      ○ Gesuche |
| Überschrift: (max. 15 Zeichen) Individuelle Schülerlösung |
| Text: *Individuelle Schülerlösung* z.B. *24er, rotes Fahrrad, Alurahmen, 7-Gang, neue Bremsen, voll funktionstüchtig, VHB 150,– € Tel.: 066923267223.* |

## Sachtexte erschließen (A)        Seite 86

❷ Richtig:
- Umgang mit Lebensmitteln in Deutschland

❸ *Individuelle Schülerlösung*

❹ Lebensmittel werden aufgrund von Aussehen, Größe und Funktionalität aussortiert.

❺ Supermärkte stehen in hoher Konkurrenz zueinander. Sie wollen durch fehlende Produkte (z. B. kurz vor Ladenschluss) keine Kunden verlieren, die dann nicht mehr kommen.

❻

| Aussage | richtig | falsch |
|---|---|---|
| Über die Hälfte aller Lebensmittel landet in Deutschland auf dem Müll. | | X |
| Mehr als die Hälfte der Befragten wirft Lebensmittel mit abgelaufenem Mindesthaltbarkeitsdatum weg. | X | |
| Schlechte, zu kleine oder zu große, unschöne Lebensmittel werden vor dem Verkauf aussortiert. | X | |
| Die meisten Hunger leidenden Menschen leben in Europa. | | X |

❼ Der Text möchte über die Lebensmittelverschwendung in Deutschland informieren.

❽ a) Das Diagramm informiert über die prozentuale Ausgabe für Lebensmittel im Vergleich zum Einkommen.
b) Burkina Faso
c) Richtig:
- In Afrika werden fast 50 % des Gehalts für Lebensmittel ausgegeben.
- In Europa gehört Deutschland zu den Ländern, in denen relativ wenig Geld des Gehalts für Lebensmittel ausgegeben wird.

# Lösungen

**9**
a) Wohnung
b) Bildung
c) z. B. unvorhergesehene Ausgaben, Urlaub, Tiere, Geschenke usw.
d) 350,– €

**10** Es handelt sich um Säulendiagramme.

## Sachtexte erschließen (B)  Seite 88

**2** Der Text informiert über den verschwenderischen Umgang mit Lebensmitteln. Er berichtet auch über die übertriebenen Erwartungshaltungen von Konsumenten, die sich ihrer Wegwerfmentalität oftmals nicht bewusst sind. Weltweit verhungern immer noch Menschen, v. a. in den Entwicklungsländern.

**3**
a) in fünf Abschnitte
b) *Individuelle Schülerlösung*

**4/5** s. *Lösung Sachtexte erschließen (A), Nr.* **4** *und* **5**

**6**
a) Bis zu diesem Zeitpunkt ist die Haltbarkeit garantiert.
b) Lebensmittel mit abgelaufenem Mindesthaltbarkeitsdatum sind nicht automatisch schlecht und wegzuwerfen, sinnvoll wäre eine Augen- oder Geruchskontrolle.

**7** Der Text möchte über das verantwortungslose Wegwerfen von Lebensmitteln durch die Menschen im reichen Westen informieren und darauf aufmerksam machen, dass wir gutes Essen wegwerfen, während anderswo Menschen an Hunger sterben.

**8/9/10** s. *Lösung Sachtexte erschließen (A), Nr.* **8**, **9** *und* **10**

## Literarische Texte – Prosa (A)  Seite 91

**2** Ich-Erzähler

**3** s. *Lösung Literarische Texte – Prosa (B), Nr. 3*

**4**

| Aussage | richtig | falsch |
|---|---|---|
| Mutter und Sohn machen beim Onkel der Mutter Urlaub. |  | X |
| Das Meer ist für die Mutter eine Verlockung. |  | X |
| Der Junge erzählt seiner Mutter, dass er im Park war. | X |  |
| Beim ersten Schwindel klopft die Mutter den Sand aus den Schuhen des Sohnes. |  | X |
| Der Junge bekommt nach seiner zweiten Lüge keinen Nachtisch. | X |  |
| Der Junge beschloss bereits in der Nacht, wieder zum Meer zu gehen. |  | X |

| Aussage | richtig | falsch |
|---|---|---|
| Der Junge versucht beim dritten Mal, seine Mutter zu überlisten. | X |  |
| Die Mutter entdeckt auch den letzten Schwindel. | X |  |
| Die Mutter ist am dritten Tag sehr wütend auf ihren Sohn. |  | X |

**5**

| Sohn | Mutter |
|---|---|
| liebt das Meer | hat Angst vor dem Meer |

**6**

|  | |
|---|---|
|  | er seine Mutter ärgern will. |
| X | er dem Meer einfach nicht widerstehen kann. |
|  | er dort hofft, seinen Freund wiederzusehen. |

**7** *Individuelle Schülerlösungen*

## Literarische Texte – Prosa (B)  Seite 92

**2** Ich-Erzähler

**3** *Individuelle Schülerlösungen, z. B.:*

| Zeile | Überschrift |
|---|---|
| 1–3 | Das Verbot |
| 4–8 | Zweimal erwischt |
| 9–15 | Der dritte Versuch |
| 16–21 | Überraschendes Ende |

**4** Zeile 2: Die Mutter hat große Angst vor dem Meer
Zeile 1 und 3: Der Junge ist vom Meer begeistert.

**5** Der Junge liebt das Meer. Es stellt für ihn eine Verlockung dar. Das Haus des Onkels ist nah am Meer, sodass er von dem Rauschen der Wellen verführt wird.

**6** Beim ersten Versuch entdeckt die Mutter den Schwindel, weil das Gesicht ihres Sohnes von der Sonne verbrannt ist. Am nächsten Tag klopft sie den Sand aus den Schuhen ihres Sohnes.

**7** Er bekommt keinen Nachtisch und wird beim ersten Mal angeschrien.

**8** *Individuelle Schülerlösungen*
Mögliche Bewertungskriterien:
a) Inhalt:
**Planung:** Der Junge beschließt in der Nacht, nicht mehr ans Meer zu gehen. Er möchte das Verbot seiner Mutter einhalten. Am nächsten Morgen kann er aber seinen Vorsatz nicht mehr einhalten. Das Rauschen des Meeres verführt ihn erneut, das Verbot nicht einzuhalten. Die Verlockung ist einfach zu groß. Er möchte, dass seine Mutter seinen Ausflug zum Meer diesmal nicht entdeckt.
**Gefühle/Gedanken:** versucht, auf seine Mutter zu hören, schlechtes Gewissen, fühlt sich so sehr zum Meer hingezogen, usw.
**Durchführung:** Er schützt sich vor der Sonne, indem er sich zwischendurch immer wieder im Schatten

# Lösungen

aufhält. Bevor er ins Haus geht, klopft er gründlich seine Schuhe aus.
**Gefühle/Gedanken:** genießt das Meer, möchte aber seine Mutter nicht enttäuschen, befindet sich in einem Zwiespalt, ist angespannt und freudig zugleich, usw.
**Ende:** Er denkt zunächst, dass seine Maßnahmen ausgereicht haben. Doch dann leckt die Mutter an seinem Arm und schmeckt das Salz. Er bekommt erstaunlicherweise keinen Ärger, sondern eine doppelte Portion Vanilleeis.

**Gefühle/Gedanken:** zunächst beruhigt und voller Hoffnung, dass sein Plan aufgegangen ist, kurz ängstlich, überrascht, irritiert, verwirrt, usw.

b) Formale Kriterien eines Briefes (Anrede, Datum, Grußformel, Unterschrift)
c) Sprachausdruck (abwechslungsreiche Verben, verschiedene Satzanfänge, Satzbau, Grammatik, treffende Wortwahl …)
d) Rechtschreibung/Zeichensetzung

# Quellenverzeichnis

## Literatur

S. 28: Das Kätzchen auf Dovre – freie Übersetzung

S. 38/39: Romanauszug. Kevin Brooks: Martyn Pig (S. 42–45; 47). Aus dem Englischen von Uwe-Michael Gutzschhahn. © der deutschsprachigen Ausgabe: 2004 Deutscher Taschenbuch Verlag, München.

S. 90: Rafik Schami, Das Meer. Auszug aus Rafik Schami, Eine Hand voller Sterne (S. 17–18) © 1987, 1992 Beltz & Gelberg in der Verlagsgruppe Beltz, Weinheim . Basel.

## Internetquellen

http://www.faz.net/aktuell/gesellschaft/umwelt/wegwerfgesellschaft-die-grosse-verschwendung-11130879.html
*(Textanregung Sachtexte erschließen)*

https://www.destatis.de/DE/ZahlenFakten/LaenderRegionen/Internationales/Thema/Tabellen/Basistabelle_KonsumN.html
*(Anregung Diagramm 1 Sachtexte erschließen)*

http://www.bpb.de/nachschlagen/datenreport-2013/private-haushalte/173459/ausgaben?p=all
*(Anregung Diagramm 2 Sachtexte erschließen)*

http://de.statista.com/statistik/daten/studie/164774/umfrage/konsumausgaben-private-haushalte/
*(Anregung Diagramm 2 Sachtexte erschließen)*